Para

com votos de paz.

DIVALDO FRANCO
PELO ESPÍRITO MARCO PRISCO

MOMENTOS DE DECISÃO

Salvador
7. ed. - 2015

©(1977) Centro Espírita Caminho da Redenção – Salvador (BA)
7. ed. – 2015
5.000 exemplares (milheiros: do 42º ao 46º)

Revisão: Manoelita Rocha
 Lívia Maria Costa Sousa
Editoração eletrônica: Eduardo Lopez
Capa: Cláudio Urpia
Coordenação editorial: Prof. Luciano de Castilho Urpia
Produção gráfica:
 LIVRARIA ESPÍRITA ALVORADA EDITORA
 Telefone: (71) 3409-8312/13 – Salvador (BA)
 Homepage: www.mansaodocaminho.com.br
 E-mail: <leal@mansaodocaminho.com.br>

Dados Internacionais de Catalogação na Publicação (CIP)
(Catalogação na fonte)
Biblioteca Joanna de Ângelis

F825	FRANCO, Divaldo Pereira. *Momentos de decisão.* 7. ed. / Pelo Espírito Marco Prisco [psicografado por] Divaldo Pereira Franco. Salvador: LEAL, 2015. 152 p. ISBN: 978-85-8266-099-7 1. Espiritismo 2. Psicografia I. Franco, Divaldo II. Título CDD: 133.93

DIREITOS RESERVADOS: todos os direitos de reprodução, cópia, comunicação ao público e exploração econômica desta obra estão reservados, única e exclusivamente, para o Centro Espírita Caminho da Redenção. Proibida a sua reprodução parcial ou total, por qualquer meio, sem expressa autorização, nos termos da Lei 9.610/98.

Impresso no Brasil
Presita en Brazilo

Sumário

	Momentos de decisão	7
1	Deus e você	11
2	O pórtico	15
3	Problemas e Jesus	17
4	Genitores	19
5	Ganhe o dia de hoje	21
6	Aja com acerto	23
7	Bem viver para viver bem	25
8	Você pode e deve	27
9	Compromisso com a consciência	29
10	Ação e valor	31
11	Terapêuticas evangélicas	33
12	Verdade e amor	35
13	Oração e paciência	37
14	Fazer e não fazer	39
15	Decisão e atitude	41
16	Você e caridade	43
17	Nunca é demais	45
18	Culpa e resgate	49
19	Você e a mediunidade	53
20	Dúvida e ação	55
21	Brechas morais	57
22	Compensação	61
23	Técnicas infelizes	65
24	Ponte e concreto	67
25	Autoauxílio	69
26	Justiça	71
27	Dificuldades imprevistas	73

28	Profilaxia da alma	77
29	Custódia do amor	79
30	Decisão irreversível	81
31	O outro	83
32	Argumentos breves	85
33	Opções pessoais	87
34	Necessário	89
35	Roteiro em dez definições	91
36	Tenha cuidado	93
37	Use seus recursos	95
38	Seja contra	97
39	Cadeias	99
40	Em atividade	101
41	Roteiro singelo	103
42	É mais fácil	105
43	No caminho da Iluminação	107
44	Também você	109
45	Na juventude	111
46	Pelo seu êxito	113
47	Culto da palavra	115
48	Rumos	117
49	Auxílio	119
50	Você reflexiona?	121
51	Resolutamente	125
52	Algo fazer	127
53	Espíritos-solos	129
54	Mensagens atuantes	131
55	Se você considera o Evangelho como...	133
56	Dez atitudes a examinar	135
57	Fortaleza no bem	137
58	Pernicioso e essencial	141
59	A estrada de volta	143
60	Programa para perdoar	145

Momentos de decisão

Transitam e passam os momentos da vida, que dão origem aos estados de paz e de aflição em que o homem se renova na esperança ou se estorcega na dor.
Num momento de prece, Maria recebeu a anunciação da chegada do Messias...
Num momento de paz, na Terra, Jesus nasceu em singular estrebaria para mudar os rumos da História...
Num momento de confiança, Nicodemos rogou a entrevista que lhe abriu horizontes infinitos sobre "a necessidade de nascer de novo"...
Num momento feliz, a mulher samaritana *travou o diálogo* que lhe mudou o roteiro da existência...
Num momento de piedade, o bom samaritano *tornou-se o símbolo* da solidariedade por excelência...
Num momento de fé, a mulher hemorroíssa *libertou-se* do grave mal que a martirizava...
Num momento de irreflexão, o moço rico *perdeu a oportunidade* de ganhar a jornada...
Num momento de dor, a mulher adúltera *encontrou a piedade* do Mestre e renovou-se para avançar vida a fora...

Num momento de inveja, alguns fariseus tentaram embaraçar o Senhor e se confundiram a si mesmos...
Num momento de amor, Jesus libertou o obsesso de Gadara, que padecia a cruel constrição de mentes perturbadoras...
Num momento de desequilíbrio, Judas traiu o Cristo...
Num momento de fraqueza moral, Pedro negou o Amigo...
Num momento de pusilanimidade, Pilatos lavou as mãos e perdeu a maior bênção da vida...
Num momento estoico, mulheres piedosas *atestaram a grandeza do amor, acompanhando o Sublime Condenado...*
Num momento de loucura coletiva, os homens crucificaram Jesus...
Num momento de luz, o Mestre ressuscitou, e até este momento é "o Caminho, a Verdade e a Vida".

❊

Momentos de decisão!
Há tantos momentos na sua vida que você malbarata e passa na inutilidade ou no acumpliciamento dos erros, que produzem aflições e dores sem conta para você mesmo.
Surgem, também, e ressurgem momentos que o convocam à liberdade, à legítima paz...
Indispensável saber utilizar as lições do Evangelho em cada momento da existência física, a fim de poder fruir as bênçãos da vida eterna.

❊

Seja este o seu momento de decisão feliz.
O presente livro foi escrito em momentos de reflexão em torno das lições da Boa-nova. Algumas das páginas que se encontram neste livro foram oportunamente divulgadas

e, para constar na presente Obra, receberam de nós próprios uma revisão para melhor adaptação à finalidade para a qual o destinamos.

Saulo, num momento de desequilíbrio, saiu a perseguir os "homens do Caminho", e num momento sublime defrontou Jesus, tomando, num momento de decisão firme, a mais notável e valiosa resolução da vida, que dele fez o perfeito apóstolo das gentes...

✾

Todas as mensagens que enfeixamos aqui podem ser lidas em breves momentos, objetivando convocá-lo a decisões libertadoras.

Na convulsão das horas de angústia e de ansiedade destes dias, os ensinos evangélicos são terapêutica valiosa e de rara oportunidade para as enfermidades da agressão, da irritabilidade, do medo, da revolta, que se expressam em neuroses e psicoses desesperadoras.

Nossa contribuição despretensiosa é apresentada como estímulo e motivação para que você tome, neste momento, a decisão de vencer com Jesus o mundo de paixões e de tormentos, gozando, por fim, da paz que deseja e que fruirá.

Como num momento você pode resolver ascender ou cair, formulamos votos no Senhor, que decidiu vir ter conosco para nos libertar do mal que ainda existe em nós, no sentido de que você, caro leitor, se resolva pela escolha da "melhor parte, aquela que lhe não será tirada", conforme as palavras do Mestre sobre Maria, na conversação com Marta, aceitando a vida espiritual neste momento de decisão.

MARCO PRISCO
Salvador, 6 de dezembro de 1976.

1
Deus e você

> *"Pois somos cooperadores de Deus; vós sois lavoura de Deus, edifício de Deus."*
> *(Paulo – I Coríntios – 3:9.)*

Deus é o Criador.

Você, porém, pode colaborar na Obra divina, na condição de Cocriador.

❊

Deus é o Pai.

Você, todavia, pode tornar-se genitor triunfante, usando o corpo ou contribuindo especialmente pelo Espírito em prol de todos.

❊

Deus é o Infinito.

Você, sem embargo, pode, na sua finita posição, colaborar em prol da glória da vida nos corações em transe de dor.

❊

Deus é Amor.

Você, entretanto, pode desdobrar os sentimentos e repartir as fortunas da bondade que carrega, entre os necessitados que o cercam.

❊

Deus é a Perfeição.

Você querendo, pode crescer, mediante o serviço nobre, lapidando suas arestas, a fim de refletir-Lhe a grandeza no crisol da sua purificação.

❊

Deus é a Verdade.

Você, também, pode disseminar as lições da Divina Sabedoria, que refulgem no Evangelho de Jesus.

❊

Deus é o Poder.

Você desejando, conseguirá edificar a felicidade em toda parte, quando queira.

❊

Deus é a Harmonia.

Você possui, igualmente, as melodias da Excelsa Beleza na pauta do coração, podendo, também, cantar baladas de esperança e paz em Seu nome.

❊

Deus é a Vida.

Você não pode conceder a vida a ninguém, é certo, no entanto, poderá salvar muitas vidas que pereçam por falta de amparo e socorro.

❊

Deus é a Causa Primeira.

Você O traz emboscado no coração. Desate-O e permita que em você a Sua Presença gere felicidade em derredor.

❊

Disse Jesus: "Vós sois deuses".

Conduzindo o Pai Criador ao cerne da sua vida, você pode tudo fazer em prol de você mesmo, modificando as ermas paisagens do mundo, a fim de que mais rapidamente se estabeleça o Seu Reino entre os homens.

2
O PÓRTICO

> *"Pois muitos são chamados, mas poucos escolhidos."*
> *(Mateus – 22:14.)*

Este candidato, sinceramente tocado pela revelação da Imortalidade, deslumbrou-se.

Aquele aprendiz, convidado com carinho a cogitações superiores, experimentou fascínio.

Esse discípulo, após as primeiras cogitações, arrebatou-se.

Aquel'outro, depois de meditar na excelência da fé renovadora, formulou propósitos.

Muitos neófitos, ante o pórtico da informação transcendente, facultam-se entusiasmos exorbitantes, alegrias exageradas.

Número crescente de pessoas dotadas de ideais momentâneos não ocultam as expressões de júbilo que as dominam e apresentam-se para a elaboração da Era Melhor.

Todavia, ante a gleba imensa da responsabilidade a lavrar e a contribuição generosa do sacrifício como da renunciação, fogem cabisbaixas umas, recalcitrantes outras, azedas diversas, decepcionada a maioria...

Esperavam uma mensagem de ocasião para os instantes de frivolidade em que o vazio fosse preenchido pelo sonho e a vã esperança se transformasse numa ponte de oportunidade para o brilho mentiroso.

Por esta razão, em face da realidade, não transpõem o pórtico da Verdade.

Houve um moço rico que não cometia os erros tradicionais, e experimentou o deslumbramento ante o Rei da Era Nova que o trouxe à aduana do Evangelho Restaurador.

Convidado a oferecer a fortuna de que se fazia mordomo, a juventude transitória e as alegrias passageiras, transfigurou a face e recuou, atônito.

Não foi além do pórtico...

Com muita justeza, a palavra rutilante do Cristo é incontroversa: "Muitos os chamados, poucos os escolhidos."

Atravesse o pórtico do entusiasmo, candidato espírita, e assome pelo caminho da sua redenção na busca do porto de paz que o aguarda.

Não relacione queixas, nem anote desilusões.

Além do pórtico está a meta. Transponha-a e siga tranquilo.

3
Problemas e Jesus

> *"Jesus Cristo é o mesmo ontem, hoje e para sempre."*
> *(Paulo – Hebreus – 13:8.)*

A irritação constante mina qualquer organização física e psíquica, gerando desequilíbrio e alucinação. Terapia salutar – a paciência.

❀

A negligência contumaz é fator propiciatório para a permissividade moral e aturdimento.
Antídoto eficaz – a ação nos deveres sociais e espirituais.

❀

A queixa proporciona viciação mental de largo porte que neurotiza e dementa.
A atitude libertadora – o esforço no silêncio e autocrítica honesta.

❀

A agressividade que se cultiva sob o eufemismo de *nevrose* e de *sofrimento* conduz à loucura e ao crime.
Tratamento liberativo – exercícios de humildade com insistência na oração.

❀

O inconformismo, traduzindo injustificável rebeldia, é técnica de autodestruição a prazo fixo.

Solução – coragem na luta de todo dia.

❊

O desassisamento sempre antecede desastres que conduzem de roldão aqueles que vivem estúrdios e frívolos.

Comportamento salvador – meditação e esforço íntimo no exame e aferição dos valores da vida.

❊

Problemas existem em todas as criaturas, em todo lugar.
Viver é um impositivo biológico.
Viver, porém, com elevação, na busca de equilíbrio, é um desafio.
Ninguém espere, portanto, facilidade para o triunfo.
A glória fácil é efêmera e deixa funda amargura quando passa.
O próprio mecanismo da vida no corpo impõe limite, sacrifício, esforço. No que tange às aquisições morais – finalidade superior da vida – mais grave e mais complexo é o desafio.
Não espere felicidade a "golpe de sorte" ou por herança familial.
O trabalho é patrimônio para a evolução de todos – meio e meta da vida.
Você dispõe de inteligência para finalidade superior. Conforme a aplique, assim viverá.
Para cada problema, há uma regra própria para alcançar-se a solução.
Diante dos problemas humanos, porém, Jesus é a resposta de segurança, única, aliás, mediante a qual você conseguirá vitória legítima.

4
GENITORES

> *"... Dá conta da tua administração..."*
> *(Lucas – 16:2.)*

Genitores não são apenas os que procriam fisicamente. Também há os pais da arte, da cultura, da religião, do saber.

Alguns elaboram ideias e as atiram ao mundo como sementes fecundantes, arrojadas à madre generosa do solo.

Diversos propõem diretrizes que fazem incorporar ao cômputo das realizações humanas, traçando linhas de comportamento e estereotipando mensagens de equilíbrio e justiça.

Outros geram ideais de beleza e de enobrecimento com que contribuem fartamente para a dignificação da comunidade onde se encontram a servir.

Vários são estetas da música e compõem poemas sonoros que refletem as harmonias do paraíso, diminuindo o agônico estertor da balbúrdia que irrompe avassaladora como tumulto de realizações.

Pululam, igualmente, os genitores da anarquia; os divulgadores do desconcerto moral; os padrastos da criminalidade; os que se fazem responsáveis pela alucinação e os que fomentam a guerra, a destruição – genitores da impiedade que são.

Também há os pais da carne alheia, em adoção emocional, por responsabilidade espiritual, facultando se desenvolva ao amparo dos seus braços a carne que advém de braços amputados pela desencarnação, quebrados pela miséria social, destruídos pela constrição econômica, vencidos pela tempestade moral.

Tais, os genitores da espontaneidade, não se poderão eximir da responsabilidade que lhes cabe pela semente material e humana que Deus lhes facultou cuidar.

Tarefa aceita – responsabilidade mantida.

Compromisso recebido – oportunidade abençoada.

Negligência no dever – problema a enfrentar mais tarde.

❈

Considerando as circunstâncias que a reencarnação a todos faculta, pai que você é, vele pelos seus filhos, sejam eles: ideias ou ideais, mazelas ou desditas, retalhos do seu corpo ou despojos do corpo alheio, porquanto, se a mordomia do dinheiro referida no Evangelho, várias vezes, é cobrada com severidade pelo Senhor, a progenitura de qualquer natureza será igualmente reivindicada pelo Pai de todos os seres, no Tribunal austero da sua consciência, hoje ou mais tarde.

5
GANHE O DIA DE HOJE

"Vós não sabeis o que sucederá amanhã."
(Tiago – 4:14.)

Torne o seu dia útil a você.
Não desperdice o tempo com a "hora vazia", nem o preencha com frivolidades.

※

Todo dia é oportunidade de assumir compromissos novos.
Rompa as amarras com o ontem negativo e renove-se para o amanhã abençoado.
Use o seu dia, tornando-o importante para você.
As grandes empresas devem começar nas pequenas realizações, porquanto quem não é capaz de servir não é digno de dirigir.

※

Faça do seu dia um marco decisivo na sua vida.
Qualquer tarefa, realize-a de maneira correta, fixando-a indelevelmente nas suas recordações felizes.

※

Enriqueça o seu dia com experiências valiosas
Um amigo novo, um adversário com quem você se reconcilie, uma atitude tolerante, uma aquisição intelectual,

a reparação de um erro são conquistas inestimáveis que você não pode postergar.

❊

Poupe o dia de amanhã aos remorsos que nasçam no dia de hoje.

Em face dos seus erros, reconheça a necessidade de os reparar sob qualquer forma, quanto antes.

O seu dia poderá ser-lhe um benfeitor ou um severo cobrador.

Viva cada dia como se fosse o último dia da sua vida na Terra.

❊

Conclua o seu dia com a claridade da oração.

Não esqueça, porém, de iniciá-lo com o Sol da prece a iluminar-lhe a mente e a pacificar-lhe o coração.

6
AJA COM ACERTO

> *"O amor seja sem hipocrisia. Detestai o mal, apegai-vos ao bem."*
> *(Paulo – Romanos – 12:9.)*

Se alguém o magoou, liberte-se do lixo da ofensa.
Se alguém o perseguiu, exima-se do desejo da reparação.
Se alguém o infelicitou, remova a desgraça que o atingiu.
Se alguém o desgostou, esqueça a decepção.
Se alguém o mortificou, abandone o sofrimento que lhe foi infligido.
Se alguém o desrespeitou, supere a situação.
Se alguém o injustiçou, sobreponha a esperança no amanhã.
Se alguém atentou contra os seus valores mais queridos, libere-se da lembrança amarga.
Se alguém se compraz em martirizá-lo, não vitalize a má vontade ou a revolta para com ele.
Em todas essas circunstâncias relacionadas, você desfruta de posição melhor, porquanto infeliz é todo aquele que inquieta e aflige, persegue e malsina, pois somente alguém profundamente desditoso se sentirá induzido a esparzir ruína ou a azorragar outrem.
Não perca o ensejo de evoluir, descendo ao adversário gratuito mediante a inditosa sintonia com os petardos com que ele o alcançou.

O mal que nos fazem somente nos fará mal se revidarmos, tornando-nos maus, a nosso turno, iguais ao agressor.

Atingido por qualquer tipo de infortúnio, converta a pedra da ofensa em diamante de bênçãos e tome-o como inestimável bem para a sua dita pessoal.

Aja, pois, com acerto.

7
Bem viver para viver bem

> *"... Vivamos no presente mundo sóbria, reta e piamente."*
> *(Paulo – Tito – 2:12.)*

A pretexto de libertar-se do problema, não fuja à sua correta solução.

O que agora você faça mal, volverá depois mais complicado.

※

Dissimulando a irritação que a presença de certas pessoas cansativas lhe produz, não cultive a intolerância.

Os que lhe causam desagrado constituem salutar exercício à sua paciência, preparando-o para tentames mais difíceis.

Defrontando situações graves, não estime a evasiva nem encete a fuga hábil.

Você não deve buscar levianamente o perigo, todavia, não se pode eximir ao dever de resolver as dificuldades que surjam.

※

Inquieto, em razão dos circunlóquios e complexidades com que um amigo lhe apresenta uma questão, sem ferir diretamente o assunto, não se permita a animosidade ou azedume.

Talvez o outro não possua a facilidade de expressão, como você a possui.

※

Consultado como equacionar uma dificuldade, não compare o consulente com você.

Recorra ao Evangelho e sugira o ensino que encontre na palavra do Mestre.

※

Não diga:
Se fora eu...
Se isto acontecesse comigo...
Sempre ajo assim...
Sou homem decidido...
Comigo as coisas são às claras...
Agora ou nunca...
Prefiro a morte a uma situação dessas...

※

Cada caso impõe suas regras próprias.

O que você diga nem sempre se verificará nesses termos.

Use a prudência nas palavras, o equilíbrio nas atitudes e o discernimento junto ao seu próximo.

A vida é, em si mesma, o grande desafio para todos nós.

Viver por viver não basta.

Bem viver, vinculado ao amor e a todos amando, eis como alcançar a posição ideal, enquanto na Terra, para realmente viver bem.

8
Você pode e deve

"... Tudo é possível ao que crê."
(Marcos – 9:23.)

Você desejaria ser um pomar. Ante a dificuldade de consegui-lo, torne-se uma árvore frondosa e acolhedora, florida e frutescente.

❈

Você gostaria de ser uma fonte refrescante. Não o logrando, transforme-se num vaso de água fria e aplaque a sede de alguém.

❈

Você anelaria ser a montanha altaneira a apresentar horizontes infinitos ao homem que a conquistasse. Diante da impossibilidade, seja um degrau humilde para a ascensão de quem ambiciona a glória estelar.

❈

Você pretendia possuir um Sol emboscado no coração, a fim de clarear os viandantes da noite. Em face do impedimento, acenda uma lâmpada de esperança no caminho de um desalentado.

❈

Você programava um jardim de bênçãos para o enriquecimento da paisagem dos homens. Não o conseguindo, converta-se numa flor, abençoando, erecta e perfumosa, o chavascal dos desesperados.

❋

Você ambicionava as gemas preciosas da madre da Terra, a fim de diminuir a dor e a miséria dos caminhantes da aflição. Não as possuindo, distenda a palavra de renovação como pérola de inimaginável valor, soerguendo quem se recusa levantar para prosseguir na luta.

❋

Você pensava em escrever poemas de engrandecimento à vida, enriquecendo as mentes e os corações com painéis de luz e sabedoria. Impedido de fazê-lo por lhe faltarem os requisitos essenciais, redija uma carta singela com expressões de amor, a quem se encontra na curva da queda e perdeu a confiança na afeição dos outros.

❋

Você esperava a melhoria das criaturas e do mundo. Decepcionado por não haver lobrigado alcançar essa difícil meta, erija no altar dos sentimentos um santuário à fraternidade e ao dever superior.

❋

Não desista do bem, não desfaleça no bem, não duvide da vitória do bem.

Insculpa-o no imo da vida e seja uma expressão do bem em triunfo, convertido, embora, num "grão de mostarda" que, todavia, produzirá estímulos vigorosos para o bem de todos.

9
COMPROMISSO COM A CONSCIÊNCIA

"Por isso também me esforço para ter sempre uma consciência limpa para com Deus e para com os homens."
(Atos – 24:16.)

Compromisso exige responsabilidade.
Responsabilidade solicita equilíbrio moral.
Equilíbrio moral decorre da disciplina.
Disciplina sugere autoconhecimento.
Autoconhecimento resulta de educação.
Educação recorda preparo para a vida.
Vida é patrimônio divino que ninguém pode malbaratar, inconsequentemente.

❃

Sublime compromisso com a Divindade, a vida é ensancha abençoada, na Terra, para os labores da evolução, concedidos, ao Espírito em nome do Amor.

❃

Ações produzem reações.
Todo impulso gera respostas na ordem das coisas.
Por essa razão, o equilíbrio é a conquista ideal em face das circunstâncias e realizações humanas.
Compromisso com a consciência – ordem na conduta.
Conduta cristã – conquista da paz.

❃

Não adie os compromissos de enobrecimento a pretexto de falta de forças, de escassez de recursos, de ausência de oportunidade.

Cada minuto na vida de um cristão decidido tem valor expressivo, porquanto significa ensejo de ajudar, de ascender, de conseguir a felicidade, com a consciência ilibada.

10
AÇÃO E VALOR

"Tudo o que fizerdes, fazei-o de coração, como ao senhor e não aos homens."
(Paulo – Colossenses – 3:23.)

Para cada problema uma solução especial. Quem pretende resolver dificuldades múltiplas de uma só vez, confunde-se e termina por agir erradamente. Atitude precipitada – confusão antecipada.

❊

No exercício das pequenas dificuldades resolvidas a seu tempo, adquire-se capacidade para os complexos emaranhados que, não poucas vezes, convidam o homem a decisões seguras.

Se você programa cada realização em seu tempo e lugar, nenhuma impossibilidade ocorrerá no desdobramento das suas tarefas.

Solução adiada – inquietação a caminho.

❊

Encare toda realização com seriedade e valor.

Muitas coisas insignificantes perturbam ou ajudam as grandes realizações.

Uma gota de óleo lubrificante resolve o emperramento de uma peça metálica defeituosa.

Um pouco de ácido sulfúrico no corpo humano produz ferida.

Uma palavra gentil acalma um interlocutor violento.

Uma expressão facial de ódio perturba um companheiro ao lado.

Uma vírgula altera o sentido de um discurso.

Um sinal significativo trocado num cálculo redunda numa operação errada.

Descuido no freio, desastre no veículo.

Tudo é importante na economia da vida.

Com uma página espírita, você dispõe de subsídios relevantes para a manutenção da paz.

Com o conhecimento do Evangelho, você tem ao alcance a chave para todos os problemas.

E se, por acaso, nas ações, você sentir-se vencido, com a humildade evangélica você encontrará a forma feliz para triunfar sobre si mesmo, o que, aliás, é o importante.

11
TERAPÊUTICAS EVANGÉLICAS

> *"... A fim de que o que semeia e o que ceifa, juntamente se regozijem."*
> *(João – 4:36.)*

Examine a problemática de quem sofre antes de emitir opinião.

Não fale apenas por falar. Por trás de cada problema, há sutilezas que escapam ao observador superficial.

❃

Ausculte a dificuldade do amigo, antes de exteriorizar o que você pensa.

Não arrole palavras sem conhecer a situação.

Qualquer conceito, assim precipitado, funciona mal.

Inspire confiança antes de qualquer cometimento verbal.

Não se agite.

Palavras e somente palavras não infundem a necessária paz.

❃

Considere a questão do sofredor sob o ponto de vista dele.

Não aconselhe pelo simples fato de haver-se proposto a essa tarefa.

O conselho que você doa possui validade se encontrar receptividade no ouvinte.

❈

Penetre-se de fraternal interesse ante os fatores aflitivos que lhe apresenta o consulente.

Não lhe diga de imediato o que pensa.

Sugira o que ele deve fazer, como se fora ele próprio quem se está induzindo à ação.

❈

Saiba ouvir primeiro, porquanto a criatura, encarnada ou não, dificilmente consegue dizer o que pretende, com a necessária exatidão.

Não exponha ideias, sucessivas, sem as indispensáveis reflexões que ajudam o ouvinte a fixá-las.

A arte de ouvir é muito importante para quem pretende ajudar.

As terapêuticas evangélicas são sempre trabalhadas no sentimento de quem as aplica.

As técnicas ajudam. A legitimidade da unção de quem coopera lobriga êxito.

A metodologia guia. A atividade honesta junto ao necessitado atinge a finalidade de conduzi-lo corretamente.

Os recursos de que você pode dispor quando pretende ajudar, aplicando a terapia do Evangelho, dependem, sobretudo, da sua exteriorização íntima, em forma de amor, interesse e caridade, legitimamente lavrados em seu esforço pessoal pelo próprio burilamento.

Não se transforme, portanto, no homem que só ensina pela palavra. Seja o cristão que prodigaliza lições pelo exemplo.

12
Verdade e amor

> *"Mas praticando a verdade em amor..."*
> *(Paulo – Efésios – 4:15.)*

A verdade pode ser utilizada para ajudar, ferir ou descoroçoar.

Ajuda, quando orienta mediante o recurso da bondade e da discrição.

Fere, quando zurzida com enfado ou através do descaso, com azedume e frieza com que se expressa.

Descoroçoa, quando se torna arma de dura aplicação, que culmina por aniquilar os estímulos.

❊

O amor pode ser utilizado para ajudar, ferir ou descoroçoar.

Ajuda quando adverte, assiste e porfia, mesmo quando tudo, aparentemente, conspira contra.

Fere quando exige, impondo-se afirmação a soldo de pesado ônus retributivo.

Descoroçoa, quando, por eufemismo, concorda com o erro, desculpa a irresponsabilidade e acoberta as leviandades, aniquilando.

❊

Quem ama e é verdadeiro age com retidão, exerce responsabilidade, porfia no ideal, embora membro da minoria.

Não reclama, não exige, não desanima.

Seguro dos objetivos que alcançará, serve incansável, ensina infatigável, perdoa.

A verdade e o amor são linhas mestras de conduta que nenhum cristão delas pode prescindir.

Dispensável esgrimir o verbo sadio, desnecessário falar da própria capacidade de amar.

Pelos atos revela-se, como pelos "frutos se conhecem as árvores".

13
Oração e paciência

> *"... E passou a noite, orando a Deus."*
> *(Lucas – 6:12)*

Visitado pela agressividade gratuita dos atormentados, guarde-se na oração e na paciência.

A oração lhe concederá inspiração e a paciência o tesouro do tempo para a indispensável compreensão do problema.

Aturdido pela nuvem das queixas e das lamentações que engendram perturbação e balbúrdia, busque a oração e a paciência.

A oração lhe oferecerá a luz do discernimento e a paciência a diretriz para seguir confiante.

Batido pela pusilanimidade e pela maledicência dos frívolos, requisite a oração e a paciência.

Oração é equilíbrio; paciência, segurança.

Vencido pela pertinácia dos maus, não esqueça da oração nem da paciência.

A oração lhe doará forças e a paciência, ânimo para reiniciar a jornada com otimismo.

Instado ao abandono das tarefas pelo aparente triunfo do mal, volva à oração e à paciência.

A oração sustenta na perseverança do ideal e a paciência faculta oportunidade para a reflexão.

Imbuído dos ideais superiores da vida, saia da jactância da vaidade e demore-se na oração e na paciência.

A oração é ponte para ligá-lo ao Pai e a paciência é a estrada por onde você deambulará até lograr essa meta superior.

Em qualquer circunstância: na vitória ou no fracasso, na paz ou no combate, entre amigos ou sitiado por adversários, jubiloso ou em lágrimas, recolha-se à oração e à paciência.

A oração lhe abrirá a comporta mental para a inspiração, a paciência lhe dará os meios para guardar no imo a resposta divina.

Orando, Jesus manteve direto contato com Deus.

Paciente, superou todos os obstáculos e, apesar de abandonado, aparentemente vencido, atraiu todos ao Seu coração magnânimo.

14
Fazer e não fazer

> *"Portanto, para quem sabe fazer o bem
> e não o faz, para este é pecado."*
> *(Tiago – 4:17.)*

Você informa que muitas vezes se demora atônito sem saber o rumo que tomar, quando convidado a definições.

Programe, porém, sua paz através do tempo – não a improvise.

Seja imparcial – não indiferente.

Exponha suas convicções – não as imponha.

Conserve a atitude humilde – não receosa.

Refira-se à verdade – não a transformando em instrumento de dor para o próximo.

Procure ajudar – não apenas agradar.

Não condicione a sua afeição – oferte-a.

Não reaja pela ira – atue pelo amor.

Não invista num só golpe toda a sua confiança – aplique-a a pouco e pouco.

Não reduza sua capacidade de amar ante o desalento – ame duplicadamente a quem o não entender.

Para qualquer situação, há pequeninas regras que ajudam bem viver.

❋

Desde que você se imponha à tônica de instruir, amar, servir e passar adiante, sem a preocupação de colimar todos os objetivos, dando a cada um o direito de ser como é, porém, em relação à própria conduta, conforme ensinou Allan Kardec, busque ser hoje melhor do que ontem e amanhã tente ser melhor do que hoje.

15
Decisão e atitude

> *"... Pois aquilo que o homem semear, isso também ceifará."*
> *(Paulo – Gálatas – 6:7.)*

Sua decisão num momento responderá pelos seus dias futuros.
Não se precipite.
A meditação o ajudará a discernir com clareza e segurança.

❈

A indecisão prolongada ante uma posição a assumir gera a complicação do problema que deverá ser enfrentado, por mais adiado permaneça.
Não cultive receios.
Ore e consulte o Evangelho, após o que não tarde em demasia a definição.

❈

Aja com elegância mesmo quando diante de circunstâncias perturbadoras.
Não reaja movido pelas paixões inferiores.
Todos somos chamados, inevitavelmente, a testemunhos que aferem os valores individuais, na pauta da evolução de cada um.

❈

Quando não tenha conhecimento pessoal de uma ocorrência desagradável, ouvindo a narração sem a necessária calma, você não estará em condições de assumir responsabilidade.

O desequilíbrio dos outros contamina também os que participam emocionalmente do problema, obnubilando-lhes a lucidez.

Harmonize-se antes e não se envolva, para ajudar com elevação.

❇

Pudor e escândalo dependem de quem cultiva honorabilidade e insensatez.

O que você cultiva, rebeldia ou serenidade, exterioriza-se, quando você for testado, no momento de sua posição real perante a vida.

Resguarde-se da ira, fuja dos momentos da rebeldia, liberte-se do mal que teima residir no seu íntimo.

Não avinagre suas horas, mediante a sustentação do clima pessimista, em decorrência de amigos, situações e atitudes.

Faça *Sol* interiormente, e quando se decidir pelo bem, não recue, não se arrependa, não reclame.

Não exija santificação dos outros.

Melhore-se primeiro e aprenda a decidir e agir com Jesus em qualquer conjuntura.

16
VOCÊ E CARIDADE

"A caridade jamais se acaba..."
(Paulo – I Coríntios – 13:8.)

O egoísmo trabalha para a avareza.
A avareza engendra o infortúnio.
A caridade labora para o bem geral.
O bem geral produz a felicidade de todos.

❋

O egoísmo isola o homem que o cultiva.
O homem isolado desconfia de todos e sucumbe na própria armadilha.
A caridade amplia o círculo das afeições fraternas.
As afeições fraternas estabelecem as bases da alegria pura.

❋

O egoísmo propõe a dilaceração dos liames da fraternidade.
Sem fraternidade o homem enlouquece.
A caridade distribui esperança e consolo.
A esperança e o consolo propõem a paz e fomentam a harmonia

❋

O egoísmo cerra as oportunidades de progresso.
Oportunidade perdidas – atraso na marcha da evolução.

A caridade dilata os horizontes do sentimento e da razão.

Horizontes abertos – possibilidades multiplicadas de crescimento e redenção.

✽

O egoísmo é câncer da alma.
A caridade é terapêutica salvadora.

✽

O egoísmo agrava o mal.
A caridade expunge o mal.

✽

O egoísmo encarcera.
A caridade liberta.

✽

O egoísmo impõe.
A caridade propõe.

✽

O egoísmo destrói.
A caridade vitaliza.

✽

Diante do egoísmo disfarçado sob qualquer pretexto, coloque a caridade fraternal e operante.

Você e a caridade de Jesus defluindo pela sua vida constituem a evidência de que o "Reino de Deus" está ao alcance de todos, delimitado nas fronteiras do amor que vige em cada coração.

17
Nunca é demais

> *"... Sede, na oração, perseverantes."*
> Paulo – Romanos – 12:12.)

Diariamente convidado a uma decisão, no tumulto dos conflitos complexos, busque a inspiração superior através da prece.

Um momento de prece dirime problemas largamente cultivados.

❊

Instado por dificuldade à rebeldia e ao desequilíbrio, faça uma pausa para a prece.

A prece não apenas aponta rumos quanto tranquiliza interiormente.

❊

Açodado pelas paixões inferiores e vencido na psicosfera negativa do ambiente em que vive, erga-se à prece edificante.

A prece não somente sustenta o bom ânimo como também luariza os sentimentos.

Tombado por falta de apoio e aturdido nos melhores propósitos acalentados, tente o convívio da prece antes de desertar.

A prece não é só uma ponte que o leva a Deus, porém uma alavanca a impeli-lo para sair do desânimo que o prostra.

•

Atordoado por informações infelizes e vitupérios; apedrejado por incompreensões indevidas, mergulhe a mente na prece antes do revide.

A prece não constitui um paliativo exclusivo, sendo, também, inexaurível e abençoada fonte de renovação e entusiasmo.

•

Examinando o problema imenso que se avulta, aquietado pelas complexas engrenagens das decisões, estugue o passo, faça uma prece.

A prece tem o poder de clarificar os horizontes e içar o homem do abismo às cumeadas libertadoras.

•

Concluída a tarefa em que recolheu bênçãos e júbilos, não se esqueça da prece.

A prece não lhe constitua um instrumento de rogativa e solicitação incessantes, tornando-se, também, um instrumento para expressar o reconhecimento e a gratidão com que você exporá os sentimentos renovados ao Pai Celestial.

•

Não se trata de beatice, tampouco de pieguismo emocional.

Se lhe é justo permitir-se o pessimismo e o desaire, conservando a negação e o dissabor, a prece constituir-lhe-á bastão de apoio, medicamento reconfortante, pão nutriente, porquanto cada um sintoniza com aquilo em que pensa e vibra.

Orando, você, naturalmente, haurirá nas fontes inesgotáveis da Divina Providência as energias necessárias para o êxito dos seus cometimentos.

Não se deixe vencer pelos que o abordam com ceticismo e preferem a manifestação cínica diante do seu estado de prece e de confiança.

Uma prece a mais nunca é demais.

18
CULPA E RESGATE

> *"Embainha a tua espada; pois todos os que tomam à espada, morrerão à espada."*
> *(Mateus – 26:52.)*

Enquanto você jornadeia pelo mundo, libere-se de qualquer resquício de culpa.

Acerque-se da pessoa a quem você prejudicou e desculpe-se, demonstrando sincero arrependimento e buscando reabilitar-se mediante salutar atuação a favor do ofendido.

Se você assim proceder e ele lhe perdoar, prossiga em paz.

Se ele não lhe facultar o perdão – problema dele.

Se, porém, você não se reconciliar com ele – problema seu.

Não constranja pessoa alguma a viver com você: familiar amigo, afeto da alma...

Inste com delicadeza e amor, atestando a excelência dos seus sentimentos em relação a essa pessoa, todavia, não impeça que vá adiante.

A vida ensina mais tarde pela dor, o que hoje se nega aprender pela afeição.

Se lhe pede para tentar por conta própria, não lhe recuse a bênção da experiência pessoal.

Se, porém, você criar impedimentos, vencido pelo egoísmo, amargará ter a presença do corpo com a alma distante, caso não se volte contra você, envenenando-lhe as horas.

❁

Mantenha, como lâmpada acesa, a sua consciência de dever retamente atendido.

Nenhum prazer, conseguido mediante o abuso à confiança do próximo, ou decorrente do espinheiral que se deixa pela estrada percorrida, vale o preço da rude retribuição.

Se você enganou ou corrompeu alguém, a troco de transitórias satisfações, descobrir-se-á repulsivo perante si mesmo, amanhã ou depois.

Se você desconsiderou a confiança com que o honraram, mesmo que outros o ignorem, você sabe do erro cometido.

O importante não é que o próximo conheça o seu gravame, mas que você saiba do agravo cometido.

O acidente desta ou daquela natureza que o vitimou, talvez não fosse um impulsivo cármico do seu pretérito espiritual.

A imprudência que você assume em qualquer situação engendra um processo de causa e efeito que passa a gravitar em torno de você.

As leis, a ordem, a disciplina são processos educativos que devem ser respeitados.

Não creia que "só acontece o que deve acontecer".

A sua conduta altera para melhor ou para pior o seu esquema evolutivo, conforme a direção que você se conceda.

❁

Diante dos que passam aureolados pela glória aparente, ou desfilam no carro do poder transitório, ou demonstram fruir da vida o máximo, não se deixe ralar pela inveja ou anele estar no lugar deles...

Muitos convertem os tesouros da harmonia e os bens do espírito em tormentos inconcebíveis, a fim de se banquetearem no topo da montanha da ilusão, donde caem, não raro, fragorosamente.

Se alguém adquiriu fortuna e triunfo, lesando os seus irmãos, ele está enfermo.

Se você anelar por percorrer a mesma estrada, encontra-se em processo de contaminação da doença perigosa que a ele vitimou.

Não há outra alternativa, senão a da honrabilidade evangélica.

Muito bem acentuou Jesus, advertindo a Pedro: "Embainha a tua espada; pois todos os que tomam à espada, morrerão à espada". E, por extensão, deixou o ensino de que as ações incorretas não sustentam os ideais nem as aspirações certas.

Nenhuma violência sobrevive sem criar reações violentas.

Os meios escusos não se fazem dignos porque objetivem nobres fins.

Não se faculte culpa de qualquer natureza, a fim de que progrida feliz, sem os acúleos da aflição desnecessária.

19
Você e a mediunidade

> *"... Aspirai aos dons espirituais."*
> *(Paulo – I Coríntios – 14:1.)*

Pacifique-se interiormente.
O fenômeno mediúnico através de você, refletirá sempre o seu estado íntimo.

❧

Discipline a vontade.
A sua faculdade mediúnica expressará, sem que você perceba, seus hábitos e conquistas.

❧

Insculpa o bem na sua vida.
A mediunidade lhe fará refletir o conteúdo das tendências e aptidões que você cultiva.

❧

Proponha-se evoluir sem desfalecimento.
Mediunidade é porta pela qual transitam aqueles com os quais você sintoniza.

❧

Programe sua renovação constante e realize-a.
O exercício mediúnico dar-lhe-á ensejos para lograr vitórias contínuas.

❋

Exercite a paciência como terapêutica em prol da sua paz.

A prática mediúnica levá-lo-á aos rincões da dor e da prova, da expiação e do tumulto nos quais se encontram irmãos encarnados e desencarnados em necessários padecimentos. Se você não estiver em condição de ajudar, pacífica, pacientemente, você poderá desequilibrar-se, enquanto pretende socorrer os que se encontram em desalinho espiritual.

❋

Não se esqueça de viver a sua condição de médium, como se cada dia fosse o seu último dia de vida física, na Terra.

A mediunidade, que lhe positiva a sobrevivência do Espírito ao trânsito pelo túmulo, oferece-lhe segurança e paz para o momento decisivo da sua partida.

❋

Não se permita a ilusão entorpecente, a dúvida que nubla a visão interior, ou os melindres que farão de você alguém em agonia constante.

Você sabe que, através da sua faculdade mediúnica, os dois mundos, material e espiritual, mantêm intercâmbio de vida, buscando libertar o homem das paixões e clarificar os Espíritos da perturbação em que jazem por si mesmos.

20
DÚVIDA E AÇÃO

"... Não duvidar no seu coração..."
(Marcos – 11:23.)

Entre fazer o bem ou deixar de fazê-lo, faça-o.

❊

Em face da incerteza na escolha da meta a impulsionar a vida, adote a que seja mais útil a todos.

❊

Ante os aturdimentos da vida mercantilizada, automática, e as atitudes simples e desataviadas, escolha a última.

Na problemática do supérfluo, diante das "indústrias da inutilidade" e o essencial com que você pode viver, não titubeie, selecionando "a melhor parte".

❊

Perante frívolos que; apesar de se dizerem espíritas, cultivam a vacuidade, animam a malquerença, e os que choram ao abandono, sofrendo ao desamor, decida-se pelos que necessitam da sua presença.

❊

Não espere que os outros se melhorem ou que renunciem. Quiçá não disponham eles de forças ou tenham impedimentos que você desconhece.

Desculpe-os, mas não se detenha.

Cada um consegue o que lhe apraz e vive com o que sintoniza.

Todos estão certos. E, mesmo quando erram, estão no que preferem...

A você não se permita o engano deles, a vã emulação que os sustenta.

Você já encontrou o Cristo e, quem O ama, deixa de pertencer-se.

21
Brechas morais

> *"Aquele que ouve as minhas palavras e não as pratica é comparado a um homem insensato..."*
> *(Mateus – 7:26.)*

A tragédia, que você viu consumar-se, resulta de uma longa história pelo caminho por onde transitou. Pequenos acontecimentos infelizes se adensaram, culminando no crime hediondo e ultor.

❊

A agressão odiosa que você viu explodir, inesperada, teve começo em dias do pretérito. Adicionadas diminutas revoltas a contínuas odiosidades, espocou em forma inditosa de destruição.

❊

A calúnia, que você viu conduzir à desonra uma vida honorável, não é acontecimento isolado. É a consequência das mentiras elaboradas com o fim de anularem outras mentiras menores que estimularam a infâmia nefasta.

❊

A delinquência, que você viu armar vidas precipitadas em ondas incessantes de crimes, não é ocasional. Decorrem da conivência de pais e educadores descuidados, que não corrigiram em tempo hábil as imperfeições dos caracteres em formação, a eles confiados.

❊

A violência, que você viu fomentar o desespero e esparzir o horror, procede de mil nonadas da revolta bem-acondicionada pela insensatez. Em momento de ira se infiltraram na mente os tóxicos da perturbação que forçaram a delinquir.

❊

São as brechas morais que favorecem a eclosão das graves e lamentáveis ocorrências.

O suicida, que se arrojou à infeliz situação, simplesmente consumou o que vinha acalentando, intimamente, através do tempo.

O homicida, que roubou uma ou mais vidas, tão somente concretizou o que agasalhava no imo, sempre que provocado a atitudes que não podia controlar.

O usurpador dos bens alheios apenas assumiu a posição que se atribuía direitos, dilapidando o patrimônio de outrem, graças à permissividade que se concedeu, na própria incúria.

A obsessão, que obliterou a razão, é ato culminativo das ideias infelizes agasalhadas, dos pensamentos inditosos aceitos, transformados em hipnose produzida por mentes desencarnadas impiedosas, que destroçam os implementos pelos quais se manifestam a lucidez intelectual, o discernimento.

❊

As brechas morais, para os pequenos vícios sociais, as mentiras *inocentes*, as justificativas aos abusos, abrem as portas para as nefárias realizações.

Inocente e pequena fagulha pode produzir incêndios vorazes.

Insignificante vazamento num dique pode levar à destruição da monumental construção da represa.

Não se permita brechas morais negativas.

O servidor do bem é íntegro, leal, atuante e nobre em todos os momentos, atestando sempre a excelência dos postulados que o elevam e sustentam.

22
Compensação

> *"A ninguém devais coisa alguma, senão o amor recíproco..."*
> *(Paulo — Romanos — 13:8.)*

Por mais você se doe ao amor, sempre o amor lhe facultará mais.

Nem sempre você receberá imediatamente. Sem embargo, sua própria vida é excelente concessão do amor de nosso Pai.

❋

No seu ministério de ajudar e esclarecer, por mais que semeie, não haverá feito o suficiente. Isto, porque você ensementará, apenas, parte do que sabe, do que é, em face do muito que já amealhou.

Suas renúncias, por mais o martirizem, não deverão descoroçoá-lo.

Prazeres não fruídos abrem ensanchas a felicidades não esperadas.

❋

Sua soledade no ideal abraçado é aparente.

Se você auscultar o coração e escutar a consciência, perceberá os que estão ao seu lado, além da cortina de carne, e se desejar sair de si, encontrará muitos necessitados de você, desejando participar da sua vida.

❋

Você planta esperança, portanto, não se pode permitir espinheirais nos sentimentos.

Aguçando a percepção, defrontará a cada instante oportunidades de esparzir alegria e confortar desalentados.

❋

Não se negue a honra de ser aquele que sempre socorre.

Ao fazê-lo, descobrir-se-á rico das bênçãos que lhe jazem inatas e você não se dava conta.

Esteja atento àqueles que o buscam, não raros receosos.

Abra-lhes as portas da facilidade, ensejando-lhes diálogo, comunicação edificante.

❋

O seu esforço em prol do equilíbrio interior conceder-lhe-á saúde física e mental.

De toda a ação psicossomática resulta uma reação salutar, retributiva.

❋

Quando se sinta fatigado, mergulhe na reflexão superior e deixe-se arrastar pela suave canção da prece.

Você se sentirá renovado, haurindo desconhecidas energias que o revitalizarão.

❋

Seu triunfo depende, exclusivamente, de você.

A vida retribui conforme recebe.

Há compensações em tudo.

O Sol visita a flor e esta explode em perfume; a chuva refresca a terra e ei-la reverdecida depois.

Dê a sua quota, mesmo que lhe pareça insignificante. Todavia, dando o máximo, você será compensado em paz e alegria, por haver feito o melhor.

23
TÉCNICAS INFELIZES

"... A vossa tristeza se tornará em alegria."
(João – 16:20.)

Um olhar agressivo.
Um gesto intempestivo.

❉

A palavra contundente.
O verbete irônico.

❉

A censura pertinaz.
A conversa leviana.

❉

A indiferença proposital.
O descaso programado.

❉

A expressão de subestima.
A atitude autossuficiente.

❉

O reproche sistemático.
A desatenção ostensiva.

❉

Quando você está de mal consigo mesmo, permite que essas penosas ocorrências o façam antipático.

Muitas inimizades podem ser evitadas se você aplicar outros métodos.

Embora contrafeito interiormente, não esparza mau humor.

Aquele que você agora desconsidera, quiçá defrontará amanhã em posição diferente, quando alguma necessidade estiver a visitar-lhe a vida...

Não use as técnicas que produzem animosidade.

Embora sofrido e triste, faça amigos, *plantando* almas para o seu jardim de bênçãos e alegrias futuras.

24
Ponte e concreto

> *"Como cooperadores com Ele (Jesus)..."*
> *(Paulo – II Coríntios – 6:1.)*

Independente das valiosas e expressivas realizações que você não consegue produzir, torne-se uma ponte entre Deus e o seu próximo, com os elementos da boa vontade e da solidariedade.

❀

Impossibilitado de sustentar construções morais e sociais de alto porte, pense em transformar-se no concreto armado do templo da fraternidade entre os sofredores.

❀

Não lobrigando resolver os graves problemas da Humanidade, faça-se a chave útil que abra as portas da esperança aos que estão à borda do abismo, desistindo do bem ou no rumo da queda.

❀

Impedido pelas contingências em que se debate, de realizar um largo cometimento, converta suas mãos em concha, no vaso singelo que conduza linfa refrescante aos sedentos.

❀

Limitado no exíguo espaço das provas que o não liberam para os grandes voos da caridade, experimente ser uma claridade, débil que seja, resistindo a todas as sombras conjugadas.

※

Reduzido à posição mínima e desconsiderado pela precipitação dos outros, constitua-se o adubo fecundo para a paz de todos, pela ausência de revide ao mal.

※

Sentindo-se fracassar no ideal de ser como uma paisagem de Sol e beleza para os homens que sonham, revele-se uma fortaleza de fé para os que se sentem fraquejar na luta.

※

Ambicionando ser o teto que não logrará alcançar, submeta-se a existir como o piso de segurança para outros se apoiarem.

※

Não distribuindo ouro, ofereça alento.
Não doando pérola, ofereça paz.
Não ensejando glória, faculte equilíbrio.
Não espalhando poder, distenda harmonia.
Não multiplicando bens transitórios, reparta fortunas de amor.

※

Quando se deseja cooperar com a vida, a vida ajuda o laborioso trabalhador.
À frente, fartamente, ou no imo, em abundância, estão os valores do espírito que você tem o dever de abençoar com a fecundidade do bem, objetivando o seu irmão necessitado que espera pela sua realização.
Faça alguma coisa, porém faça-a bem, ponte de amor ou concreto de paz.

25
Autoauxílio

> *"... Não andamos desordenadamente entre vós."*
> *(Paulo – II Tessalonicenses – 3:7.)*

Descontraia os músculos da face e permita-se uma agradável expressão.

Carranca não expressa siso, mas tormento.

❀

Condimente sua verdade com palavras de cortesia.

Mesmo a gema preciosa, quando atirada à face de alguém, sem revestimento protetor, faz-se detestada.

❀

Corrija a agressividade do semblante.

O dardo de um olhar violento fere tanto quanto uma palavra envenenada.

❀

Fomente a simpatia em torno de você.

Todo pensamento que alguém inspira passa a gravitar em torno de quem o motiva.

❀

Por etapas sucessivas, programe sua transformação para melhor. Quem se compraz no estágio em que se demora, padece anestesia mental.

❇
Module a voz de modo a torná-la agradável.
A primeira impressão num diálogo, muitas vezes decide os resultados do tentame.

❇
Sorria, após cultivado o otimismo, como terapêutica de felicidade.
A vida é bênção divina. Necessário louvá-la.

❇
Não se trata de construir aparência.
Tampouco exercício para a técnica da simulação.
Quem treina a cordialidade, surpreende-se com a alegria.
Todos vivem conforme se concentram nos painéis inferiores.
Coloque cor e Sol nas suas paisagens íntimas e perceberá que todo aquele que ama a claridade transita em contínuo dia.
Ajude-se a fim de que a vida o ajude a triunfar.

26
JUSTIÇA

"Pois vos digo que se a vossa justiça não exceder a dos escribas e fariseus, de modo nenhum entrareis no Reino dos Céus."
(Mateus – 5:20.)

Você hoje se revolta ante as dificuldades econômicas de que padece. Ontem, entretanto, era um esbanjador.

❊

Você agora se rebela sob a constrição da enfermidade. Antes, todavia, malbaratava os dons da saúde na malversação dos valores.

❊

Você no presente reclama da soledade em que se sente envolvido. Não obstante, no passado, abusou das afeições, estiolando alegrias, esperanças e amargurando sentimentos que se desequilibraram.

❊

Você alude à má sorte, empeços, limitações na vida, ante os anseios que acalenta de crescer e progredir. No entanto, procede de posições pregressas em que se caracterizava pelas constrições e coarctações que impunha aos outros leviana, insensatamente.

❊

Você se angustia em face das dores que o visitam. Apesar disso, suas origens espirituais carregam as matrizes das aflições que impunha aos que lhe sofreram o guante.

❋

Justiça divina, a reencarnação é porta ditosa pela qual o Espírito transita, na direção do equilíbrio, do enobrecimento.

Toda cobrança honesta se apoia em dívida espontaneamente adquirida.

Ninguém, por isso, foge à Lei.

O sofrimento não é, necessariamente, castigo, mas convite à reflexão para posterior conquista da paz.

Diante das circunstâncias pungitivas que o afligem, erga o pensamento ao Pai e trabalhe pelo bem, entesourando títulos que o credenciem à saúde e à felicidade, que lhe advirão logo mais, resgatados os compromissos assumidos.

27
Dificuldades imprevistas

"Segui a paz com todos..."
(Paulo – Hebreus – 12:14.)

De forma alguma surpreendam-lhe as ocorrências de dificuldades, no desiderato de enobrecimento a que você se afeiçoa.

O homem, que se propõe a modificar as estruturas morais negativas do mundo, está consciente das lutas ingentes que deve travar.

A grandeza de um ideal é mensurada pelas resistências que provoca.

✣

Acuado por uma circunstância imprevista, no momento de culminar um plano em andamento desde há largo tempo, não abandone a ação, vencido pelo desânimo.

O homem, que almeja e labora por uma mentalidade melhor, sabe das complexas engrenagens emperradas a corrigir.

A validade de um esforço é considerada pela força da perseverança na sua sustentação infatigável.

✣

Ao ser surpreendido por um insucesso imprevisível, na consecução de uma obra relevante, não se deixe exasperar, reagindo contra os medianeiros conscientes ou não do mal que realizam.

O homem, que se esforça pela realização de um programa edificante, testemunha, através do equilíbrio, a excelência dos seus planos.

A força de uma ideia consiste na resistência moral daquele que a expõe.

❦

Em face do aturdimento que decorre de uma surpresa infeliz, no desempenho dos compromissos iluminativos de consciências, conserve a calma.

O homem que semeia otimismo não se acabrunha, nem recua, quando sucede uma reação negativa.

A qualidade de um ensinamento é conhecida quando testada a lição.

❦

O homem de bem é sempre bom.

Sabe identificar onde começam seus deveres e terminam suas responsabilidades.

Executa com cuidado sua parte e confia nos resultados da parte que compete a Deus.

Porfia e espera sem alteração nem fúria.

Contorna o problema e procura solucioná-lo sem acusar ninguém.

Examina a situação, mesmo quando contrária, dela retira proveito e evita repetir o engano.

Responsável, faz-se prudente.

Ponderado, torna-se lúcido.

Consciente dos seus limites, entrega-se a Deus e busca-O através da oração, sempre que se sente incapaz de superar os impedimentos.

✱

Portanto, defrontando empeços e má vontade, problemas e dificuldades, aja em paz e confiança em Deus, certo de que tudo quanto lhe sucede fora dos limites de sua responsabilidade é, realmente, o melhor para você...

28
Profilaxia da alma

"O que digo a vós, digo a todos: Vigiai."
(Marcos – 13:37.)

Calma – em qualquer situação, mesmo quando colhido pelo insucesso.

Esperança – apesar dos fatores que conspirem contra as aspirações.

Bondade – embora triunfem as ardilosas circunstâncias da malícia e da esperteza.

Fé – não obstante as pesadas cargas dos resultados negativos.

Solidariedade – aos que tombam, contribuindo com a moeda-ternura que os enriquecerá.

Trabalho – sem embargo a indolência concita ao repouso indébito.

Discrição – no falar, no agir e comedimento no pensar.

Amor – apesar do clima de idiossincrasias e animosidades.

Caridade sempre.

※

O homem é os seus pensamentos, que fomentam atitudes e estimulam realizações.

Enfermidades sem conta proliferam porque a profilaxia da alma é deixada à margem.

Cuide da vida espiritual, preservando-se do mal em qualquer expressão.

Você pode viver sem muitos, nunca, porém, inimizado consigo mesmo.

Portanto, profilaxia da alma para dias venturosos hoje, na Terra, e, mais tarde, na vida espiritual.

29
Custódia do Amor

> "... Para que cada um receba o que fez por meio do corpo, conforme o que praticou, o bem ou o mal."
> (Paulo – II Coríntios – 5:10.)

A sua dúvida sistemática produz incertezas nos outros. A sua agressividade mental fere os que o cercam, mesmo que você não arroje os dardos da palavra rude ou da ação violenta.

O seu azedume gera mal-estar no meio em que você vive.

A sua leviandade inspira receios entre aqueles que lhe compartem a convivência.

A sua insatisfação promove um clima de desconcerto entre os seus amigos.

A sua suspeita contínua afasta os que desejariam tornar-se seus companheiros.

O seu desalinho emocional inquieta os outros e fá-los temer sua convivência.

O que lhe é pernicioso e recebe cultivo torna-se insuportável às criaturas que o acercam.

❋

Cada qual recolhe conforme esparze.

Tal sementeira qual colheita.

A vida, em regime de sociedade, são trocas.

Quem prefere instilar veneno ou se referta nas injunções perturbantes, descobre-se inditoso em razão da própria invigilância.

Assim, se você deseja alegria, saúde, coragem, fé, afeições e paz, não estimule as tendências negativas nem as inclinações más.

Policie a vontade doentia e trate-a com a medicação do Evangelho da Vida, fortalecendo-se sob a custódia do amor que deve doar, a fim de que o amor lhe conceda a felicidade que almeja.

30
Decisão irreversível

> *"... Eu tampouco te condeno..."*
> *(João – 8:11.)*

Não diga: "Estou perdido!"
Enquanto há oportunidade, sorriem soluções.

※

Não assevere: "Nunca mais!"
O amanhã é lição ignorada.

※

Não grite: "Arruinei-me!"
Você pode reabilitar-se desde logo, se o desejar.

※

Não impreque: "Só cadeia!"
Quando alguém cai, todos, de certo modo, caem com ele.

※

Não imponha: "Comigo é assim!"
A vida se constitui de surpresas e você não sabe o que lhe acontecerá daqui a uma hora.

※

Não acrescente: "Infame!"
Há circunstâncias que você ignora, em relação ao infrator.

❊

Não espouque: "Traidor!"
Talvez ele esteja doente.

❊

Não acuse: "Deve pagar!"
Sim, pagará, mesmo que você não o imponha.
Decida-se agir cristãmente, numa atitude irreversível.
Rompa com o passado molesto, que o jugula à intolerância e à irresponsabilidade.
Renovando-se pela trilha do programa redentor, você compreende melhor do que os outros quanto é difícil avançar com retidão e segurança.
Assim, ame e compreenda, decidido, também, a não errar.

31
O OUTRO

> *"Tudo o que quiserdes que os homens vos façam, fazei-o, assim, também vós, a eles."*
> *(Mateus – 7:12.)*

Toda vez que a tentação da censura conduzir-te à acusação, coloca-te no lugar do outro.

Antes da agressão violenta, pensa na situação do outro.

No instante da maledicência venenosa, considera se fosses o outro.

Diante da perseguição que promoves, condói-te do outro.

Em face do despeito que te conduz ao ultraje, reflete sobre o outro.

Quando o ódio impulsionar-te ao desforço, toma o lugar do outro.

O outro é o teu irmão.

Talvez seja culpado.

Possivelmente a responsabilidade será tua.

Não te cabe, seja qual for a circunstância, assumir a posição do vingador, desde que não poderás exercer a da justiça, transformando-te, sob impulso infeliz, em algoz do outro.

A vítima expunge a culpa. O perseguidor sobrecarrega-se de culpa.

Injuriado ou incompreendido, sofrendo ou aflito sob agressão ignominiosa e injusta, ama, por mais difícil te pareça, não revidando "mal por mal", porquanto o outro, aquele a quem gostarias de agredir, já está atacado em si mesmo, caso não se encontre igualmente inocente ou as aparências más que demonstra não passem de aparências...

Por essa razão, o impositivo evangélico não dá margem a tergiversação: "Fazer ao outro o que se deseja que o outro lhe faça".

32
ARGUMENTOS BREVES

"Quem te obriga a andar mil passos, vai com ele dois mil."
(Mateus – 5:41.)

Falar é bom agente terapêutico.
Falar-edificando – terapêutica melhor.

❋

Servir é atitude dignificante.
Servir com alegria e humildade – conquista superior.

❋

Ouvir é gesto de cortesia.
Ouvir-ajudando a quem fala com simpatia e palavras generosas – valiosa aquisição.

❋

Sorrir é técnica de conquistar amigos.
Sorrir sem gargalhar e sorrir para estimular – forma de granjear paz.

❋

Perdoar é bom para quem perdoa.
Perdoar, porém, ajudando a quem errou – método de santificar o perdão.

❋

O cristão, em geral, e o espírita, em particular, em qualquer atitude ou em face de qualquer situação, *dispõe de um pouco mais* para oferecer, *algo mais* para temperar o que faz, melhorar o que foi feito e produzir melhor futuramente.

Instado a agir ao lado de outros que não agem ou que também agem, verifique o que pode, como pode e de qual maneira será a mais eficaz forma de fazer.

33
Opções Pessoais

"Vós, irmãos, fostes chamados à liberdade; porém, não useis da liberdade para dar ocasião à carne, mas num espírito de amor sede servos uns dos outros."
(Paulo – Gálatas – 5:13.)

A sua é a fatalidade do bem. Como lográ-lo, dependerá de você.

Viagem demorada, compromisso atrasado.

❦

É da lei soberana da vida que cada qual se demore na experiência malsucedida, até superá-la.

Lição desconsiderada, aprendizagem em prejuízo.

Os lances importantes da vida são programados, conforme as necessidades da evolução individual.

Os meios de como vencer as etapas se encontram ao alcance de todos, a cada um cabendo como e quando consegui-los.

❦

O fatalismo universal é a perfeição.

A dor e o aperecimento constituem processos ardis de que se utiliza a Vida para impelir o Espírito à felicidade.

❦

Embora haja variedade múltipla de recursos para a conquista sobre si mesmo, a opção pessoal define a evolução em que cada homem estagia.

Marcha lenta, chegada tardia.

※

O determinismo divino impõe injunções promotoras à ascensão, ao progresso.

O livre-arbítrio espiritual define o tempo que lhe apraz para culminar a destinação.

Não se queixe, portanto, das dificuldades. Estas resultam da sua própria escolha.

Não maldiga as circunstâncias afligentes que você defronta. São decorrência das suas ações passadas.

Não se recuse à luta, acreditando-se vencido. Você se encontra onde e conforme tem preferido.

O Pai, embora sua teimosa rebeldia, mesmo que você relute em estacionar, convidá-lo-á, hoje ou mais tarde, à opção da liberdade, mediante a expiação compulsória de que ninguém consegue furtar-se.

Escolha, portanto, hoje e agora, a ética do amor e a técnica da caridade, a fim de vencer-se e vencer as etapas que o distanciam da vitória que o aguarda.

34
Necessário

> *"Entretanto poucas (coisas) são necessárias, ou antes uma só..."*
> *(Lucas – 10:42.)*

A fim de que você divulgue o Espiritismo, não se fazem necessários:

Profetismo metafórico, carregado de símbolos complicados, com ameaças para o futuro.

Mediunidades fulgurantes a se expressarem em penas vigorosas e palavras eloquentes, zurzindo látego contra as concepções religiosas do passado.

Trabalhadores exigentes quais verdugos das fraquezas alheias, sempre prontos a vergastar o próximo.

Críticos sibilinos, apoiados à retórica e ao sofisma, como apontadores de chagas abertas em putrefação iniciante.

Examinadores livres das consciências alheias, esgrimindo opiniões em encarniçadas batalhas literárias.

Orientadores inflexíveis, portando vigorosas construções do pensamento universal dos tempos e dos povos...

❈

O de que necessita o Espiritismo hoje, como o Cristianismo de ontem difundiu, é do serviço anônimo do herói desconhecido, capaz de guardar-se no silêncio da renúncia após o bem que faça.

Profetas e médiuns, palradores e escreventes, fiscais e orientadores, examinadores e críticos eficientes, a Humanidade sempre os teve, sem que, contudo, a dor tivesse recebido o devido amparo e a aflição fosse honrada com assistência fraternal.

※

A Doutrina Espírita, na atualidade, desbravando o continente da alma, está necessitando de trabalhadores em burilamento íntimo que se capacitem ao serviço, nos campos da caridade eficiente para a real operação da felicidade humana.

Em razão disso, faz-se indispensável você servir para glorificar-se, ajudar para sublimar-se e sofrer para libertar-se.

Não faltarão os que preferem comandar, fiscalizar, exigir, seguindo, porém, a sós...

Seja você aquele que faz o necessário serviço do bem em todo lugar.

35
ROTEIRO EM DEZ DEFINIÇÕES

> *"... Ninguém, tendo posto a mão no arado e olhando para trás, é apto para o Reino de Deus."*
> *(Lucas – 9:62.)*

A ociosidade é geratriz de todos os males.
O pessimismo é navalha implacável.
O ódio é veneno vigoroso.
A vaidade é laço fatal.
A calúnia é sopro destruidor.
A mentira é lixo moral.
A hipocrisia é tapete que disfarça abismos.
A suspeita é espinho cruel.
A maledicência é fagulha irresponsável, provocando incêndios.
Só o amor é luz em todos os lugares e pão em todas as mesas...
Ao tomar do arado do Cristo, rompa com o passado.
Não olhe para trás.
Não compactue com o erro.
Renove-se e avance.
Ame, e se salvará a si mesmo, quanto ao mundo inteiro!

36
Tenha cuidado

> "... Andai enquanto tendes a luz, para que as trevas não vos apanhem..."
> (João – 12:35.)

A treva ataca quando a invigilância conduz.

A dificuldade aumenta sempre que a confiança esmaece.

O ideal caracteriza a alma que o segue.

A evolução é identificada pelo roteiro escolhido.

A maneira de encarar os fatos, nas horas graves, expressa a condição íntima, nas circunstâncias normais.

Problema interior, não solucionado à luz do Evangelho, é perseguidor constante da mente e do coração.

Na convivência cristã, você reflete a direção educacional recebida no lar.

A indulgência com que você desculpa os infelizes, mede a altura do seu espírito.

A capacidade do discernimento, na luta comum, apresenta o degrau de evolução onde você se demora.

A conduta no momento do testemunho revela a extensão da sua fé.

※

Tenha cuidado pelo caminho redentor por onde avança.

As emoções apresentam a vida interior. Evoluir ou estacionar são estações da província da vontade.

Você ascenderá à luz através da execução dos serviços ao próximo ou permanecerá onde se encontre, envolvendo-se em trevas escravizantes decorrentes das suas exigências em relação aos deveres alheios.

37
Use seus recursos

> *"... Como não tendo nada, mas*
> *possuindo tudo."*
> *(Paulo – II Coríntios – 6:10.)*

Em verdade você é o senhor:
Da palavra que ainda não foi proferida.
Do impulso que nasce no tumulto das emoções.
Da experiência amealhada nos embates da vida.
De possibilidades variadas no que diz respeito aos deveres para com a coletividade onde vive.
Da vontade que socorre ou persegue.
Do conhecimento adquirido com os esforços do estudo bem-dirigido.
Das ações que se delineiam na tela mental, antes de se materializarem.
De convenções ridículas que fazem outro sofrer.
De roteiros e programas que podem melhorar as próprias como as condições do próximo.
De oportunidades na viagem da carne, que expõem aos perigos do mal projetados por muitos vícios.

❋

No entanto, a palavra ou o impulso, as possibilidades de ação e os programas são seus, apenas, enquanto você não os materialize.

Quando começa a viagem a que você os destina, você passa, imediatamente, à condição de servidor deles.

Realmente, você tem direitos que estão ao alcance das suas mãos, "não tendo nada, mas possuindo tudo", conforme escreveu o apóstolo Paulo.

Utilize-se de todos esses recursos que esperam por você, a fim de dilatar as alegrias da existência, à luz do Cristo entre os que experimentam limitações, sem exigir nem reclamar, realizando, por sua vez, o compromisso de crescer para o bem, em nome da felicidade geral.

38
Seja contra

> *"E não vos conformeis com este mundo,
> mas transformai-vos pela renovação da
> vossa mente..."*
> *(Paulo – Romanos – 12:2.)*

Após conhecer a Doutrina Espírita, você deve fazer uma campanha:

Contra a maledicência – o Espiritismo é doutrina de amor.

Contra o pessimismo – o Espiritismo é doutrina de alegria.

Contra o mal – o Espiritismo é doutrina de esperança.

Contra a guerra – o Espiritismo é doutrina de pacificação.

Contra o ódio – o Espiritismo é doutrina de perdão.

Contra a perversidade – o Espiritismo é doutrina de compaixão.

Contra a violência – o Espiritismo é doutrina de renovação interior.

Seja contra tudo aquilo que deprime e concita à viciação, ao erro. Procure crescer, já que a Doutrina Espírita, que o dignifica, é uma porta triunfal para o acesso à sua redenção espiritual.

39
CADEIAS

"Se alguém quer vir após mim, negue-se a si mesmo, tome a sua cruz e siga-me."
(Marcos – 8:34.)

Há prisões sem paredes mais cruéis do que as celas das penitenciárias.

Amarguram as horas, algemam as esperanças, asfixiam as alegrias.

Desenvolvendo-se nos recessos do espírito, aumentam os tentáculos, retendo os passos da própria vítima.

São as paixões.

❋

Quanto possível, acenda luz na própria alma, dinamizando as energias da casa mental.

Jesus fez-se o caminho. Não se detenha!

A semente valiosa, que desdenha a terra humilde, candidata-se à morte.

Paralisia é sinônimo de destruição.

Por esta razão, a Doutrina Espírita, em esclarecendo as diretrizes da vida, arrebenta todas as prisões sem grades do seu mundo íntimo a fim de que você seja feliz.

O avanço, porém, dependerá do seu esforço.

Jesus acena com todas as esperanças do Reino dos Céus, no entanto, foi claro e incisivo no seu enunciado:

– "Se alguém quer vir após mim..."
É necessário romper com tudo e seguir.

40
Em atividade

> *"... Meu Pai não cessa de trabalhar até agora, e eu também."*
> *(João – 5:17.)*

O pão nutritivo, deixado ao abandono, torna-se pasto de vermes danosos à saúde.

O jardim encantador, relegado ao descuido, transforma-se em celeiro de plantas daninhas.

A madeira valiosa, esquecida ao tempo, faz-se abrigo de cupins.

O perfume precioso, atirado ao desprezo, é tragado pelo tempo.

A fonte generosa, lançada ao descuido, alberga animais venenosos.

Também o pensamento, acomodado à ociosidade, transforma-se em reduto onde o crime se acolhe, tecendo as perigosas malhas da crueldade.

Fiscalize seu campo mental e dê-lhe assistência condigna.

Solo sem cultivo torna-se pasto de espinhos.

Pensamento sem disciplina é estrada para a loucura.

❈

Concentre suas possibilidades mentais numa atividade superior e dilate seus recursos da vontade, aplicando-os com denodo nas tarefas relevantes a executar.

Tempo – moeda valiosa.
Oportunidade – dádiva do Senhor.

❉

Não se engane.
Você viverá no clima das próprias realizações, experimentando o sabor dos frutos do campo.

❉

Suas mãos são enxadas da alma.
Aplique-as como instrumentos do pensamento, na materialização dos altos anseios da vida imutável, obedecendo aos estímulos que jornadeiam pela sua consciência em nome da Suprema Vontade.

41
ROTEIRO SINGELO

> *"... Não amemos de palavra, nem de língua, mas por obras e em verdade."*
> *(I João – 3:18.)*

Ame sem exigência.
Sirva sem condicionais.
Trabalhe sem imposição.
Confie sem inquietação.
Perdoe sem sofrimento.

❀

O amor é luz – espalhe-o.
O serviço é vida – difunda-o.
O trabalho é bênção – propague-o.
A confiança é maturidade de espírito – distribua-a.
O perdão é dádiva celeste – exemplifique-o.

Mas faça tudo com o coração, *"não amando de palavra, nem de língua, mas por obras e em verdade"*, conforme recomenda João, ao concitar à vivência do amor, alargando os horizontes do bem infatigável entre todos, a toda hora, e em qualquer lugar.

42
É MAIS FÁCIL

"... Pois quando estou fraco, então estou forte."
(Paulo – II Coríntios – 12:10.)

Despreze o "senso prático" dos triunfadores. A auréola passageira da glória, muitas vezes, é construída com a lama em que se transformam muitas ambições.

❀

Toda vez que você necessita realizar a modificação dos seus hábitos entre os companheiros, prefira a situação sacrificial dos seus interesses imediatos.

A aparente derrota do Cristo, na crucificação, transformou-se num grande Sol de esperanças para o mundo inteiro. No entanto, os seus escarnecedores vitoriosos converteram-se em objeto de repulsa, através dos séculos.

❀

Conserve-se pobre de valores contábeis, preservando o tesouro da honra.

Quando você for constrangido a aceitar as adversas circunstâncias da vida, na Terra, aceite a posição de vítima, renunciando aos sonhos que lhe acenavam ante às perigosas ilusões.

❀

Cobrindo-se de afrontas e desdenhando os tesouros de Tibério, avaliados em mais de seiscentos milhões de sestércios em ouro, Jesus ressurgiu da morte como a luz imperecível de todos os séculos, enquanto o imperador obsidiado confundiu-se na lama da sepultura imunda.

Não tema a cruz – receie a glória.

Não fuja à renúncia – acautele-se do prazer.

A fortuna é abençoada quando você lhe pode ser mordomo consciente.

❋

O Mestre não nos falou dos perigos da pobreza, mas nos advertiu com severidade quanto às falaciosas grandezas da abastança.

Chore, pois, quando estiver no apogeu da glória, mas alegre-se, quando caminhar na dificuldade.

Quem tem apresentará prestação de contas do uso aplicado, enquanto aquele que nada recebeu poderá relacionar os valores da própria dor, convertidos em auxílio para muitos, porque aqueles que aceitam a cruz da resignação descobrem a vereda para a eterna libertação.

43
NO CAMINHO DA ILUMINAÇÃO

"... Sem se enfraquecer na fé..."
(Paulo – Romanos – 4:19.)

Você regista, desencantado, a interferência da treva nas suas tarefas de luz.
    Embora os esforços continuados pela difusão do amor, encontra a desídia e a cisão no seu encalço.

❋

Você assinala, perturbado, a defecção dos companheiros antes devotados pela trilha dos testemunhos ao bem.
    Apesar da afirmação do bem, em retumbante vitória final, vê-los-ás contundidos e sem esperança, na retaguarda.

❋

Você constata, intrigado, a presença da impiedade nas mais expressivas manifestações da fé.
    Entre as fórmulas e projetos de realização dos aprendizes do amor, surgem as mais vigorosas dissidências, nascidas nos infindáveis "pontos de vista".

❋

A tarefa da verdade defronta obstáculos de difícil transposição e, nesse mister, você sente o impacto das forças desvairadas do crime a segui-lo, irredutíveis.

Certamente são desanimadoras as fugas dos líderes e representantes quando assediados pelas falanges do mal.

No entanto, convém notar, também eles são Espíritos em burilamento, marcados pelos desvarios de vidas pretéritas, de que não se conseguiram, ainda, libertar.

❊

Não se deixe desalentar.

Na sua situação de aprendiz de Cristo, confie no Mestre, robusteça o ânimo e avance sem interrogações aflitivas a respeito dos que preferiram permanecer, por enquanto, nas trilhas escuras.

❊

Apiade-se dos tombados e lucre, em experiência, ante à deserção deles.

Fuja à discussão e afine-se com a concórdia.

Jesus é o Senhor da paz.

Rume no sentido da luz e ascenda pelos caminhos da esperança, ignorando todo o mal e procurando conhecer Aquele que é o abrigo para toda aflição.

44
Também você

"... Queres, tu, não temer a autoridade?
Faze o bem e terás louvor dela."
(Paulo – Romanos – 13:3.)

Lembre-se de atestar a renovação que lhe enriquece o espírito como decorrência natural da fé que lhe clareia os dias.

Definição cristã não é amolentamento beatífico entre as aspirações do Céu a distância dos deveres terrenos. É conduta ativa no solo de todos, a serviço de Deus.

❋

A cada passo na vida normal você é concitado a falar da crença que esposa mediante os atos que o identifiquem com o programa da verdade.

Reaja, assim, ao mal onde quer que surja, disfarçado ou público, a dominar os incautos.

❋

Alguém murmura contra um ausente?

Seja você aquele que descobre no companheiro combatido uma qualidade que outros desconhecem.

❋

Escarnecem de um coração devotado junto aos seus ouvidos?

Seja a voz que desculpa e adverte.

❀

Caluniam uma alma que passou pelo caminho entre aflições e tormentos?

Seja a expressão que fala-ajudando, justificando-lhe o erro que surpreende a todos.

❀

Erguem um libelo impiedoso contra criminosos conhecidos pelos desmandos?

Seja a bondade que os entrega ao Justo Juiz, cujas sábias leis jamais serão desrespeitadas, impunemente.

❀

Sintonize a antena mental nas Fontes Superiores e utilize a inspiração para ajudar e conduzir.

Facilmente destrói-se uma vida com o veneno de uma calúnia bem-urdida.

A maledicência faz mais vítimas do que o câncer.

A expressão colérica mutila mais esperanças que a tuberculose.

❀

Muitos olhos que enxergam crimes refletem, apenas, a atormentada visão interior.

Muitos lábios que se movem acusadores traem os deslizes do *eu* inferior.

❀

Use os seletores morais-mentais da sua alma e continue o trabalho do Incansável Escultor da Vida Melhor, desculpando, ajudando e amando.

Você também terá necessidade, mil vezes, da desculpa, da ajuda e do amor do Sumo Juiz.

45
NA JUVENTUDE

"Ninguém despreze a tua mocidade."
(Paulo – I Timóteo – 4:12.)

Juventude é promessa. Transforme-a em realidade.
Juventude é anúncio. Torne-a ação dignificante.
Juventude é bênção. Converta-a em produtividade superior.
Juventude é esperança. Faça-a atualidade do bem, em todo tempo e lugar.

❊

Jovem é todo aquele que, malgrado qualquer idade, mantém vivos os ideais de enobrecimento e edificação.

A juventude do corpo é ensaio que os critérios da realização convertem em expressiva materialização de vida.

Ser jovem é permanecer otimista, quando grassa o pessimismo.

Crer, quando a descrença arma barracas de vitória.

Servir, quando outros debandam em desilusão.

Amar, embora os gritos da ira e as arremetidas do ódio.

Perdoar, não obstante os insultos da impiedade, recomeçando outra vez com o mesmo ardor a tarefa que haja redundado em fracasso, sem amargura nem desânimo...

❊

Por tal razão, a Sabedoria Divina concedeu ao homem a mais larga faixa de juventude no reino animal, a fim de que seja possível fixar sorrisos e ideais para todas as quadras da existência...

❉

Aproveite sua juventude no labor do Cristo e cresça na direção do amanhã, como a gota d'água que sente o oceano miniaturizado no seu bojo e sonhando com o diamante que rutila, com ele se parece por momentos, quando devassada pelo dourado raio de luz...

46
Pelo seu êxito

> *"Assim também a fé, se não tiver obras, é morta em si mesma."*
> *(Tiago – 2:17.)*

Procure vencer as dificuldades da estrada sem reclamação. Muitos obstáculos são apenas criação da mente acostumada à comodidade.

❊

Busque aproveitar a bênção da oportunidade, mesmo quando a dor seja sua hora vazia.

O preço da felicidade é a luta.

❊

Reserve suas energias para a hora do testemunho, sabendo dominar os impulsos quando os gozos lhe acenarem prazer.

O legítimo gozo é apanágio somente de quantos vencem o mundo.

❊

Cultive o bom ânimo embora tudo em derredor o concite ao desespero.

Quem se candidata ao Evangelho Renovador não teme nunca.

❊

Não hesite nas boas intenções.

Movimente os braços na ação.
O caminho evolutivo está cheio de almas bem-intencionadas a se demorarem na improdutividade.

❊

Confie incessantemente em Deus, mesmo quando a dúvida balbucie aos seus ouvidos as expressões da mentira.
Ele é sempre o Amor Vigilante aguardando por nós.

❊

Aclare sua mente com a luz da ponderação sadia e da meditação contínua.
O hábito de pensar no Bem realiza milagres de lucidez.

❊

Retenha a certeza de que, junto a contendores, a melhor atitude é a prece.
Ajuda-se melhor quando a prece antecede a ação.

❊

Mesmo atacado e incompreendido, prossiga pela via da verdade.
Ninguém atira pedras em árvores sem frutos.

❊

Empunhe a fé e a difunda com obras cristãs.
"Fé sem obras é morta", conforme ensinava o apóstolo Tiago.

❊

Ame sempre e sem desfalecimento.
É mais feliz quem ama.

47
CULTO DA PALAVRA

"A vossa palavra seja sempre agradável..."
(Paulo – Colossenses – 4:6.)

Em toda parte onde você se encontre defrontará com as palavras. Palavras escritas, palavras faladas, palavras... Utilize a palavra de modo a descerrar para os outros os divinos clarões do horizonte, concitando às visões do mais alto e do mais além.

❉

Olvide os que o ferem e magoam através da palavra, como você despreza os detritos que encontra no caminho.

Use o verbo para o despertamento aos deveres nobres.

❉

Não faça da palavra desinfetante rigoroso sobre as mazelas alheias.

Repita somente as frases que vistam a paisagem de luz para os que tateiam nas sombras.

❉

Cuide da palavra ouvida a fim de que não a transforme em arma criminosa.

Faça do verbo alheio que escute motivo de meditação e aproveitamento pessoal.

❉

As palavras, quando devidamente usadas, penetram e modificam a vida, tanto pelos lábios de um amigo como de um adversário gratuito.

Fale, escreva, difunda sempre a boa palavra, fazendo o culto da expressão gentil e enobrecedora.

❊

Nesse sentido, recorde as palavras da verdade que têm sabor de vida eterna.

Conscientize-se de que o verbo aplicado na extensão do Bem é valiosa ferramenta na construção do Reino de Deus.

48
RUMOS

> *"Não te deixes vencer pelo mal, mas vence o mal com o bem."*
> *(Paulo – Romanos – 12:21.)*

Aumente os seus dons de simpatia, dilatando os recursos do auxílio.
Todos seguimos na Terra cursos de evolução, fazendo os aprendizados necessários com a vida.

❁

Não diga com egoísmo: "sigo o meu rumo", mas incorpore-se ao "nosso rumo", que é o caminho real.

❁

Desastres na via pública representam sinal de alerta em sua viagem.

❁

Tormentas conjugais, nos lares amigos, expressam advertências para o seu lar.

❁

Lágrimas de angústia, em corações conhecidos, são chamamentos a exame íntimo das atitudes que lhe assinalam os passos...

❁

De algum modo, os sucessos que iluminam o homem ou as desditas que marcam a passagem da vida, no espírito humano, pertencem a todos.

❋

As vibrações de amor num polo ecoam noutro.

Metralha e crime num meridiano inquietam e repercutem noutro.

O erro de alguém, observado nas suas bases essenciais, é também seu erro, porque as células enfermas constroem um organismo social pouco sadio, produzindo perigosas causas, e, em razão disso, as aflições e as misérias dos outros o atingirão, por serem também suas.

❋

Ame, em seu irmão, a Humanidade inteira.

Estenda o seu sorriso de otimismo ao companheiro desiludido ao lado.

Aponte as manhãs ensolaradas aos olhos acostumados às noites de tristeza e dor.

Ofereça seu concurso em qualquer ângulo onde a vida necessite de alguém e você estará associado a obra de Deus, mesmo que, doando somente a sua insignificância, no rumo da felicidade de todos os seres.

49
Auxílio

"... Se o grão de trigo, caindo na terra, não morrer, fica só; mas se morrer, dá muitos frutos."
(João – 12:24.)

Quando você se candidata ao bem anônimo e impessoal, seu auxílio se reveste de identificações próprias:
É sempre útil.
Jamais se torna carga pesada.
Em características socorrista.
Ajuda a alargar os horizontes da vida.
Acende a chama da esperança onde se demora a dúvida.
Concorre para a extensão da fraternidade.
Enobrece as tarefas do próximo.
Valoriza o irmão que trabalha.
Aumenta o progresso.
Conclama a disciplina.
Favorece a expansão da alegria.
Representa o poder da crença.
Afirma a nova civilização cristã que se inicia.
Aniquila a "hora vazia".
Oferece experiência agradável.

❉

Uma migalha de carinho que você estenda a quem se encontra à espera do auxílio, enriquece o coração alheio e retorna multiplicada aos celeiros donde partiu, transformada em luz de alegria a expandir-se pelo caminho da alma, na peregrinação para a Vida Excelsa.

50
Você reflexiona?

"Pensai nas coisas lá do alto..."
(Paulo – Colossenses – 3:2.)

Quando a aflição campeia, a oração é segurança.

※

Tempo gasto na inutilidade – salário do desespero.

※

O silêncio do sábio expressa maturidade do conhecimento.

※

O palavrório do tolo traduz-lhe a ignorância.

※

O erro que nasce num minuto de invigilância gera consequências que terminam somente muito depois.

※

Evangelho e Espiritismo são roteiros abençoados tanto quanto dever e disciplina representam vias de evolução.

※

Mesmo ultrajado, o cristão persevera inalterável na gentileza.

※

Caridade que se irrita é qual palácio em trevas.

Censura – tóxico do caráter.

Maledicência – esporte de atormentados.

Palavras sonoras e belas nem sempre expressam sentimentos nobres. O papagaio também fala...

Forte é, somente, o homem que se domou a si mesmo.

Mais vale perder, sendo leal, do que triunfar, sendo astuto e espúrio.

A vitória dos ambiciosos passa com o vazio da ambição.

Quem muito expõe, atesta dúvida quanto ao conhecimento que possui.

Bem serve quem pouco dificulta.

O espelho que melhor reflete nem sempre é consultado. Chama-se Consciência.

Os legítimos heróis se ignoram.

Virtude – clima de redenção.

Dor – programa de elevação.

Receie quando tudo "correr muito bem".

O discípulo do Senhor da Cruz nunca está bem.

Sedento de luz e paz, não estaciona, não demora, não ganha. Tudo sofre, dá e perde, não obstante avançando sempre.

Não deixe de "pensar nas coisas lá do alto."

51
Resolutamente

> *"... Ajuntai primeiro o joio e atai-o em feixes para o queimar, mas recolhei o trigo no meu celeiro."*
> *(Mateus – 13:30.)*

Arrebente os elos que o retêm na retaguarda.
Evangelho é o campo novo de serviço.

❋

Desfaça as cadeias que o jungem ao egoísmo.
Espiritismo é a nova sementeira de amor.

❋

Desperte para o dever e imprima à vida novo rumo.
A fé é o novo compromisso com a imortalidade.

❋

Avance para a luta com desassombro.
Quem teme a luta, anula a oportunidade de evoluir.

❋

Resolva os problemas do *eu*, ajudando os outros na solução das dificuldades gerais.
Evolução é caminho de auxílio a todos.

❋

Atenda às tarefas do serviço no Bem, conferindo-se ensejo de aprimoramento.

Caridade é luz no caminho por onde seguem todas as almas.

❦

Persevere nas disposições nobres embora as desilusões em derredor.

Coragem é expressão de vida ativa e livre.

Em nome do Senhor a quem você busca servir, só uma atitude deve caracterizar a sua fé: desejo ardente de acertar o passo, construindo o bem no espírito, "juntando o joio para o queimar" em favor do mundo inteiro, resolutamente, recolhendo o trigo no celeiro do coração.

52
ALGO FAZER

> *"... Eu faço sempre as coisas que são do seu agrado."*
> *(João – 8:29.)*

Faça a sua parte, mesmo que seja a modesta contribuição do silêncio.

❈

Dê a mão em auxílio a alguém, embora não disponha de mais, além dela.

❈

Contribua com a homenagem do seu respeito à vida.

Ofereça a parcela que outros não sentem inclinação de doar: varrer uma casa, lavar o chão, enxugar o suor num rosto doentio.

❈

Proponha a palavra simples e nobre do perdão, quando surgir oportunidade junto aos contendores que se digladiam.

❈

Sugira o olvido, quando corações aflitos desejarem revidar os remoques sofridos.

❈

Apague a sua presença para que outros sejam vistos, apesar de você reconhecer que o triunfador não é aquele a quem a multidão ovaciona.

※

Insista no burilamento íntimo. Você sabe que os outros não têm o dever de compreender o que você pensa, enquanto você se propôs espontaneamente a todos atender.

Neste momento, você pode construir a felicidade no coração, facultando novos horizontes à alma sedenta de luz e amplidão.

53
Espíritos-solos

"Eis que o semeador saiu a semear."
(Lucas – 8:5.)

Examine o solo por onde os homens caminham e logo você descobrirá o seu ensejo de servir.
Fitando o alto você defrontará as estrelas.
Olhando o chão você encontrará os homens.
Nesses companheiros você descortinará, não raro, um variado panorama onde se alternam os quadros lamentáveis da viciação e do crime, aguardando socorro e entendimento, como glebas especiais em cujo seio a semente da esperança e do dever ainda não conseguiram medrar.

※

Espíritos empedernidos – solos rochosos.
Espíritos atormentados – solos rebeldes.
Espíritos venenosos – solos pantanosos.
Espíritos em fermentação – solos úmidos.
Espíritos enceguecidos – solos áridos.
Espíritos inquietos – solos vulcânicos.
Espíritos vencidos – solos sáfaros.
Espíritos instáveis – solos arenosos.
Espíritos rudes – solos calcinados.

●

Juntos a eles, espalhe o hálito da vida fecundante, atendendo-os nas condições em que se demoram.
Dando as mãos, pacientemente, você os erguerá.
Perseverando ao lado deles, você os transformará.
Semeando luz, você os fecundará.

❃

Você surpreenderá no futuro, entre alguns dos atormentados de agora "os homens-searas", que, guardando em si mesmos as dádivas preciosas do tempo, canalizaram as águas, deram albergue ao *adubo* e, aceitando as diretrizes do caráter reto, atendem com suor e abnegação ao cultivo da semente divina do amor, inspirando-se no conhecimento superior a fim de reproduzirem as abençoadas sementes para os seus irmãos.

❃

Contemple a paisagem dessas almas que o rodeiam, medite, ore, e, com espírito de serviço, levante-se, movimente os braços, e, através das atitudes superiores que você tenha perante alguns, tornar-se-á invejado solo que todos almejarão imitar.

54
Mensagens atuantes

> *"Ele os ensinava como quem tinha autoridade..."*
> *(Mateus –7:29.)*

Falando ou escrevendo, você está enviando mensagens às demais criaturas.

A sua criação mental plasma nos outros ideias e atitudes.

Antes, portanto, de exteriorizar o pensamento, examine-lhe o conteúdo.

Melhor silenciar um conceito, uma opinião infeliz do que tentar deter-lhe a marcha...

❊

Afira a qualidade da página de que você é instrumento.

Embora nascida no seu íntimo, quiçá proceda, realmente, de outras origens.

Nobre, flui da Vida Superior.

Vulgar ou inditosa, promana de nascentes impuras...

❊

Em face das circunstâncias que o fazem ouvinte, analise o conteúdo da mensagem que lhe chega.

Não passe adiante uma sentença por ser sonora ou porque lhe pareça filigrana bela.

Não aceite por simples acomodação uma ideia sem antes lhe penetrar o significado real.

❊

Reserve-se a atitude prudente.
Toda frase tem um destino.
Clichê mental exteriorizado – pensamento consubstanciado, plasmando outras ideias...

❊

Instado a falar ou a escrever, cultive o otimismo, construa o bem, favoreça a esperança, fomente a paz...

Falando e agindo, Jesus modificou a estrutura ética e filosófica da Humanidade.

Escrevendo e falando, Allan Kardec ressuscitou-O do olvido e consubstanciou a promessa do *Consolador*, tornando-a uma diretriz segura para o homem do presente como do futuro.

55
SE VOCÊ CONSIDERA O EVANGELHO COMO...

"... A letra mata, mas o espírito vivifica."
(Paulo – II Coríntios – 3:6.)

Manancial divino e inesgotável – dessedente-se nele.
Facho de luz – aclare nele sua alma.
Roteiro seguro – caminhe, atendendo-lhe as diretrizes.
Relíquia de valor incalculável – guarde-o no coração.
Celeiro de bênçãos – farte-se com o seu pão.
Verdade – viva os ensinamentos que ele contém.
Vida – incorpore-o à existência.
Caminho – dele não se afaste nunca.
Repositório dos mais belos exemplos – aprenda, através do quanto encerra, para que o faça, também, um reservatório de amor.
Livro superior – não deixe de meditar os seus ensinos, sejam quais forem as circunstâncias.

※

Nele você encontrará sempre segurança e consolo.
Como queira considerá-lo, compreenda que todo livro nobre encerra sabedoria, toda página elevada traz oculta uma lição.
O Evangelho, considerado como herança preciosa do Mestre para você, é tesouro que o enriquece de responsabilidade, quando o conheça, e fonte inesgotável de paz quando o viva.

56
Dez atitudes a examinar

> *"... Se alguém quer ser o primeiro, será o último de todos, o servo de todos."*
> *(Marcos – 9:35.)*

Dispute conseguir a posição que lhe seja melhor na conduta de espírita e cristão que abraça, como segura diretriz para sua libertação espiritual.

Ante esse impositivo, considere que é:

Melhor servir do que ser servido.

Melhor amar do que receber amor.

Melhor esquecer o mal do que fomentá-lo.

Melhor tolerar do que ser tolerado.

Melhor perder do que fruir lucros.

Melhor laborar na caridade do que ser objeto de labor para os outros.

Melhor dar do que receber.

Melhor perdoar do que propiciar aos outros a ensancha do perdão.

Melhor investir luz do que campear na treva da insegurança.

Melhor ter paz através de plena integração no serviço, do que disseminar conflito na falsa postura da honradez...

O espírito decidido, que equivale ser cristão definido, se não disputa os últimos lugares, deve compreender a posição a ocupar como servo de todos, pois que somente resgata o débito com que está em falta e apenas expunge o sofrimento que lhe é necessário, tudo entregando a Deus e nas mãos de Deus se entregando. Assim adquire a melhor posição: a do filho dileto que confia no Pai e ruma resoluto na direção d'Ele para a perene felicidade.

57
FORTALEZA NO BEM

> *"Amai vossos inimigos e orai pelos que vos persigam."*
> *(Mateus – 5:44.)*

Se a calúnia perturbadora o segue por toda parte, não lhe dê atenção.
A infâmia não merece o seu sofrimento.

❋

Se a suspeita infundada lhe espia com má vontade, prossiga imperturbável.
Consciência tranquila é tesouro de valia inapreciável.

❋

Se a aflição da injustiça lhe alcança a casa mental, retorne à confiança integral em Deus.
A verdade, mesmo quando desrespeitada, rutila nos escombros a que vai arrojada.

❋

Se a perseguição gratuita insiste em dificultar-lhe a marcha correta, não malbarate o tempo com explicações desnecessárias.
O homem se revela por meio da existência que oferece, através da perseverança nos postulados abraçados.

❋

Se o despeito de companheiros invigilantes arma ciladas perigosas, quer através do elogio mentiroso, quer por meio da acusação injuriosa, não se faculte inquietar.

Somente o trabalho perseverante e nobre consegue comprovar a qualidade do obreiro que o executa.

※

Se a maledicência traz aos seus ouvidos as informações ferintes, faça-a silenciar, não lhe permitindo agasalho nem propagação.

Mente vinculada ao dever não se pode desviar para as mercadorias dos contendores da inutilidade.

※

Se a insegurança íntima, por esta ou qualquer outra razão, sombreia de receios o seu domicílio de paz, mergulhe no oceano da oração.

A prece é ainda a mais eficiente terapia moral para qualquer estado de espírito.

※

Não se intoxique com o gás das ocorrências negativas.

Torne-as experiências salutares para o futuro.

O fogo purifica os metais.

O vendaval enrija o carvalho.

O sofrimento aprimora o Espírito.

Mantenha sua fortaleza no bem irrecusável.

Onde você se encontre, não se poderá eximir da presença dos enfermos espirituais, em trânsito pela rota da evolução.

Considere-os doentes em tratamento e não lhes vitalize as graves distonias: na ira, na idiossincrasia, no remoque ou na mágoa...

Ninguém atravessa o *caminho da carne* sem sofrer desses aflitos a perseguição, a pedrada ou a inveja sistemática, que transformam em arma segura com que mantêm e se perturbam mais na infelicidade em que se comprazem.

    Siga otimista, porquanto o pior mal que lhe possa acontecer nunca será maior do que o seu débito em relação à Vida. Sofrendo-o, você se estará liberando das dívidas, avançando, portanto, na direção da paz plena e total.

58
Pernicioso e essencial

> *"O homem bom extrai boas coisas do seu bom tesouro, e o homem mau extrai más coisas do seu mau tesouro."*
> *(Mateus – 12:35.)*

O egoísmo intoxica – pernicioso.
O amor engrandece – essencial.

❋

A maledicência infelicita – perniciosa.
A generosidade eleva – essencial.

❋

O ódio entorpece – pernicioso.
O perdão refrigera – essencial.

❋

A ambição enlouquece – perniciosa.
A renúncia santifica – essencial.

❋

O orgulho denigre, a humildade renova – pernicioso e essencial.

❋

A rebeldia devasta, a obediência constrói – perniciosa e essencial.

❋

Os interesses imediatistas param no túmulo e os labores espirituais prosseguem além da desencarnação; perniciosos e essenciais.

❋

Os tesouros terrenos ficam à borda da sepultura e os valores imperecíveis transpõem-na; perniciosos e essenciais.

❋

Não obstante os conhecimentos éticos e as informações tecnológicas, o homem moderno ainda não compreendeu que há valores e valores, atitudes e atitudes, objetivos e objetivos.

Valores que são atitudes para objetivos próximos e transitórios; perniciosos. E valores que são atitudes para objetivos mediatos e perenes; essenciais.

❋

Com Jesus é possível aprender que as questões que conduzem ao acúmulo de recursos que a traça gasta, a ferrugem consome, o ladrão rouba e perturbam a paz, são perniciosos; enquanto aqueloutros que ampliam as fronteiras do Reino de Deus entre os homens para além das fronteiras da carne, são essenciais, que devem ser disputados, por promoverem a felicidade real.

59
A ESTRADA DE VOLTA

> *"Regozijemo-nos e alegremo-nos, porque este teu irmão estava morto e viveu, se encontrava perdido e se achou."*
> *(Lucas – 15:32.)*

Até o momento do desastre, parecia difícil o reequilíbrio da máquina.

Depois de vinculado a erros sucessivos, complexa é a tarefa do retorno à reta conduta.

Habituado ao clima asfixiante dos compromissos negativos, inacessível a caminhada em ascensão no rumo da montanha de ar rarefeito.

A estrada de volta ao dever nobremente cumprido é um desafio que a vida impõe àquele que desce a rampa do crime e ali se demora.

Convidado ao esforço da reabilitação, de tal modo o homem reage ao refazimento próprio que, na comunidade dos carrancudos indivíduos de aparência sadia, o retorno dos que foram colhidos pelo sofrimento ou pelo desequilíbrio se faz preceder de obstáculos aparentemente inamovíveis, tais:

O egresso da lepra defrontando os olhares de suspeita e os semblantes de pavor.

O recém-saído de frenocômios sofrendo o receio da família que aguarda recidiva inesperada.

A chegada do ex-condenado, ora liberado, a quem todos fitam como falido moral que pode repetir a façanha infeliz.

O portador de vírus e de enfermidades outras de origem infectocontagiosa, não obstante a cura clínica, sob continuada observação dos que parecem temê-lo, e, no entanto, abraçam os portadores da sensualidade desvairada e da ira contumaz...

Acomodação com os negociadores da dignidade que fruem rendas polpudas e têm semblantes venais disfarçados sob tintas caras e corpos ultrajados sob tecidos custosos.

Sob outro aspecto há, também, a aceitação dos triunfadores da ilusão que anestesiaram a alma nos vapores entorpecentes da soberbia, da dissimulação, da criminalidade bem-urdida e acondicionada sob as maneiras gentis com que disfarçam as dissipações.

A estrada de volta, no Evangelho de Jesus, ora restaurado pela consoladora Doutrina Espírita, faculta ao transgressor da lei o recomeço do caminho, ao colhido em falta o ensejo da recuperação, ao combalido na luta o estímulo para o trabalho e ao vitimado por qualquer enfermidade o direito ao uso e à vida em plena economia social da Terra, qual herói que, vencida a batalha, pode fruir a bênção de forças novas no rutilante Sol da vida.

No entanto, a porta de acesso à estrada de volta é estreita, apertada, porque ela é, também, o pórtico da redenção humana.

Duas opções válidas podem constituir elementos hábeis a fim de transpô-la: reconhecimento dos recursos próprios e vontade bem dirigida sob a inspiração da prece.

Experimente o retorno ao bem.

Não adie o labor iluminativo que o conduzirá à estrada de volta, que, apesar de coberta com calhaus e pedrouços, é a senda redentora.

60
Programa para perdoar

> *"... Perdoai e sereis perdoados."*
> *(Lucas – 6:37.)*

Esforce-se para impedir que a ofensa se converta em mágoa.

❀

Silencie o sucesso infeliz em que se viu envolvido.

❀

Acautele-se, em face dos comentários que lhe tragam os maledicentes e os levianos.

❀

Reflita, maduramente, valorizando o ensejo e retirando proveito da lição que o alcança em forma de sofrimento.

❀

Se você é inocente, exulte. Se é culpado, tranquilize-se diante do pagamento.

❀

Não fique remoendo, mentalmente, o acontecido.

❀

Pense na hipótese de o seu agressor estar enfermo.

❀

A posição da vítima é sempre melhor.

❊

Enseje ao desafeto oportunidade para reparação e o retorno.

Se tudo estiver, aparentemente, contra você, fiscalizado por uns, perseguido por outros, mantenha inalterada sua confiança em Deus, que tudo sabe.

Desgraça verdadeira é perseguir, inquietar, comprazer-se na dor alheia, envenenar-se com o azedume e a cólera.

Perdoando, você estará sempre em paz, podendo auferir mais tarde as vantagens de haver sido enganado, perseguido ou ultrajado, com o Espírito livre de outros débitos, de que, então, se encontrará liberado.